Alfred Kriegelstein (Hrsg.)

Der Mathematikunterricht in der 5. und 6. Jahrgangsstufe der Hauptschule

Schulpädagogische Aspekte

herausgegeben von Hans Gröschel, Heinz-Jürgen Ipfling und Alfred Kriegelstein
in Zusammenarbeit mit der Berufswissenschaftlichen Hauptstelle des BLLV

Zu diesem Band:

Im Mittelpunkt der Beiträge dieses Buches stehen die Interpretation des amtlichen bayerischen Lehrplans von 1976 und die Darstellung der Kernbereiche des Unterrichts in der 5. und 6. Jahrgangsstufe der Hauptschule. Die Fragen der konkreten Durchführung der Lernarbeit bestimmen die Ausführungen der namhaften Autoren, die sowohl aus dem Hochschulbereich wie auch aus den Reihen praktizierender Lehrer kommen und wesentliche Hilfen zur Bewältigung der neuen Aufgaben anbieten. Dabei werden die mathematischen Zielsetzungen, der Stellenwert der einzelnen Lernfelder und das spezifisch Mathematische gegenüber dem bisherigen Rechenunterricht deutlich herausgestellt.
Der Leser erhält vielfältige Orientierungshilfen zur Gestaltung der konkreten Unterrichtsarbeit, die auf die gesicherten Ergebnisse der bisherigen Rechendidaktik zurückgreifen und die Reforminhalte behutsam mit diesen verknüpfen. Der Reformansatz wird als Erweiterung und Vertiefung des bisherigen Rechenunterrichts im Sinne des Lehrplans verstanden und ist dazu angetan, Schülern und Lehrern interessante Zugänge zu einem Lernbereich aufzuzeigen, neue Impulse zu geben und Sichtweisen zu eröffnen, die das bisherige rechnerische Instrumentarium wesentlich erweitern und die Schüler für die Lernarbeit neu motivieren.

Alfred Kriegelstein (Hrsg.)

Der Mathematikunterricht in der 5. und 6. Jahrgangsstufe der Hauptschule

Handreichungen zum bayerischen Lehrplan von 1976

Ehrenwirth Verlag München

CIP-Kurztitelaufnahme der Deutschen Bibliothek
Der Mathematikunterricht in der 5. [fünften] und 6. [sechsten] Jahrgangsstufe der Hauptschule : Handreichungen zum bayer. Lehrplan von 1976 / Alfred Kriegelstein (Hrsg.). – 1. Aufl. – München Ehrenwirth, 1977.
(Schulpädagogische Aspekte)
ISBN 3-431-01908-0
NE: Kriegelstein, Alfred [Hrsg.]

ISBN 3-431-01908-0

Einbandgestaltung: Walter Rupprecht, München
Satz und Druck: Friedrich Pustet, Regensburg
Printed in Germany 1977

Inhalt

Alfred Kriegelstein
Zur Einführung 9

Hermann Maier
Schwerpunkte 11

Bemerkungen zu den Richtzielen des Curricularen Lehrplans 11
»Einblick in die Bedeutung und Anwendbarkeit der Mathematik in den Bereichen des täglichen Lebens« 12
»Fähigkeit, Sachzusammenhänge zu mathematisieren« 13
»Freude am spielerischen und entdeckenden Umgang mit mathematischen Gegenständen« 14
»Fähigkeit, sprachlich klar und exakt zu formulieren« 15
»Fähigkeit, Symbole und Abkürzungen einer Fachsprache in ihrer Bedeutung zu erkennen und sie sinnvoll zu gebrauchen« 16
»Fähigkeit, folgerichtig zu denken« 17
»Fähigkeit, sich geometrische Zusammenhänge anschaulich vorzustellen« 18
»Beherrschung von mathematischen Verfahren bei altersgemäßer Einsicht in deren grundlegende Gesetzmäßigkeit« 20
»Sicherheit im Umgang mit mathematischen Geräten« 20

Karl-Heinz Kolbinger
Grundrechenarten 22

Die Modelle der vier Grundrechenarten 22
Mengenmodell 22
Verdeutlichung am Zahlenstrahl 26
Operatormodell 27
Die mathematischen Fachausdrücke 28
Addition (addieren) 29
Subtraktion (subtrahieren) 29
Multiplikation (multiplizieren) 29
Division (dividieren) 30
Verbindung der Operationen 30
Operation und Umkehroperation 30
Klammerschreibweise 30
Gesetzmäßigkeiten 31
Vertauschungsgesetz (Kommutativgesetz) und Verbindungsgesetz (Assoziativgesetz) 31
Verteilungsgesetz (Distributivgesetz) 33
Einsicht in die schriftlichen Rechenverfahren 33
Addition 34

Subtraktion 34
Multiplikation 35
Division 36

Peter Wohlfahrt
Gleichungen und Ungleichungen 36

Überblick 36
Theoretischer Hintergrund 36
Term 36
Termumformung 37
Vergleich von Termen 37
Das Aufsuchen der Lösungsmenge 37
Methodisch-didaktische Überlegungen zur 5. Jahrgangsstufe 40
Ungleichungen 40
Gleichungen 41
Methodisch-didaktische Überlegungen zur 6. Jahrgangsstufe 43
Ungleichungen 43
Gleichungen 43

Dorothee Krippner
Zahlenmengen 45

Mengenarbeit in der Grundschule 45
Mengenarbeit im Arithmetikunterricht der 5./6. Jahrgangsstufe 45
Beispiel 1: Menge der natürlichen Zahlen 45
Beispiel 2: Die vier Grundrechenarten 49
Beispiel 3: Untersuchung von Teilbarkeitsfragen mit Teiler- und Vielfachenmengen 52
Beispiel 4: Zahlbereichserweiterung um die Menge der Bruchzahlen 55

Karlheinz Kuntze
Bruchrechnung 57

Einführung 57
Schwerpunkt des Unterrichts in der 6. Jahrgangsstufe 57
Dezimalzahlen 57
Einführung in den konkreten Bruchbegriff (5. Jahrgangsstufe) 58
In gleiche Teile teilen 58
Teilen als Handlungsvollzug 58
Bruch als Maßzahl einer Größe 59
Bruch als Bruchoperator 60
Bruchoperatoren bei Anzahlen 61
Rechnen mit Bruchzahlen in Bruchstrichschreibweise (6. Jahrgangsstufe) 61
Einführung der Bruchzahl 61
Der gleiche Punkt auf dem Zahlenstrahl 62

Wahrscheinlichkeitsrechnung und Statistik 63
Die Addition und Subtraktion von Brüchen 64
Multiplikation und Division 65
Gleichungen – Klammerschreibweise 66
Rechnen mit Bruchzahlen in Dezimalschreibweise 66
Bündeln 66
Entbündeln 67
Addition und Subtraktion von Dezimalbrüchen 68
Die Multiplikation von Dezimalbrüchen 68
Die Division von Dezimalbrüchen 68
Multiplizieren und dividieren 69

Karlheinz Kuntze
Geometrie 70

Einführung und Übersicht 70
Anschluß an den Geometrieunterricht in der Grundschule 70
Der »Raum« als Ausgangspunkt 70
Schwerpunkte des Geometrieunterrichts 70
Der Bereich Geometrie im Lehrplan 72
Ebene Grundformen – Die Ebene als Punktmenge 72
Geometrie in der 5. Jahrgangsstufe 73
Körper – Fläche – Linie – Punkt 73
Verschiebung – Strecke; Drehung – Winkel; Klappen – Symmetrie 77
Flächeninhalt 80
Geometrie in der 6. Jahrgangsstufe 81
Drehung und Parallelverschiebung 81
Oberfläche und Rauminhalt eines Quaders 83

Johann Huber
Der Bereich der Größen 86

Die Behandlung von Größen im Grundschulbereich 86
Größen und ihre Repräsentanten 86
Das Messen von Größen 87
Lernziele im Bereich des Messens 87
Der Begriff des Messens 89
Didaktische Folgerungen 91
Funktionale Abhängigkeit zwischen zwei Größen 92
Lernziele 92
Didaktische Hinweise 93
Das umgekehrte Verhältnis 94
Didaktisches Ziel 94

Helfried Reischl
Übung 96

Zum Stellenwert der Übung in Unterricht und Lehrplan 96
Zwei Arten der Übung 97
Die mechanisierende Fertigkeitsübung 97
Die operatorische bzw. operative Übung 98
Komplementäre Formen 98
Kennzeichen und Beispiele operativer Übung 99
Bezugspunkte und Kennzeichen der Mechanisierung von Operationen 108
Richtpunkte für die Praxis erfolgreicher Übungsarbeit 110

Alfred Kriegelstein
Sachaufgaben 115

Vom Sachrechnen zu Sachaufgaben 115
Der sachliche Aspekt 116
Der sprachliche Aspekt 118
Der mathematische Aspekt 118
Der rechnerische Aspekt 119
Eine besondere Art von Aufgaben 119
Zusammenfassung und Übersicht 120
Sachaufgaben und operatives Prinzip 121
Operative Lernarbeit an Sachaufgaben 123
Lernarbeit am Text 124
Der Text wird verkürzt 124
Der Text wird erweitert 125
Die Sachaufgabe wird verändert 125
Vom Text zum Term – zur Gleichung 126
Lernarbeit an den Fragen 126
Lernarbeit an der grafischen Darstellung 127
Lernarbeit an der Schreibform 128
Lernarbeit an der Ausrechnung 130
Lernarbeit an den Antworten 132

Zur Einführung

Der amtliche Lehrplan für den Mathematikunterricht in der 5. und 6. Jahrgangsstufe basiert auf den erwarteten Ergebnissen mathematischer Lernarbeit in der Grundschule, knüpft an diese an und führt die durch die mathematische Reform vorgegebenen Impulse konsequent weiter.

Dabei wird deutlich, daß die in der Grundschule erworbenen Grundbegriffe im Bereich der Mengen, der Zahlen und deren Verknüpfungen (Operationen), die gefundenen mathematischen Gesetzmäßigkeiten, Sprechweisen und Schreibformen sowie die Aktivitäten im Lernfeld der Geometrie Mittel zur Erweiterung und Vertiefung mathematischer Lernarbeit darstellen und auf den verschiedenen Leistungsebenen neue Möglichkeiten der Unterrichtsarbeit anbieten, die vom Gegenstand und den fachspezifischen Methoden her über den bisherigen Rechenunterricht hinausführen.

Das vorliegende Buch versteht sich als Hilfe für den praktizierenden Lehrer zur Weiterführung der Reformansätze in den Jahrgangsstufen 5 und 6. Es stellt gegenstandsorientierte Kernbereiche dar und setzt sich mit Inhalten wie mit Methoden gleichermaßen auseinander. Die in sich abgeschlossenen Einzelbeiträge der verschiedenen Verfasser greifen die spezifischen Fachfragen und die didaktischen Probleme auf und bieten klare, praktikable Antworten. Daß sich dabei Überschneidungen und partielle Wiederholungen gerade im methodischen Bereich bzw. in den Bereichen der Anwendung des mathematischen Instrumentariums, das den wesentlichen Inhalt der Reform ausmacht, nicht vermeiden lassen, liegt in der Konzeption dieses Buches und sollte auch nicht vermieden werden, weil es auf diese Weise gleichsam die Wechselbeziehungen zwischen den verschiedenen Lernfeldern und die variable Anwendbarkeit mathematischer Methoden verdeutlicht.

Die Abgeschlossenheit der Einzeldarstellungen ermöglicht dem Leser eine rasche Orientierung über bestimmte Gegenstandsbereiche und instrumentelle Prinzipien, die im Sinne der Reformideen gleichermaßen wirksam werden.

Die Autoren möchten durch ihre Beiträge den Zugang zum Reformansatz erleichtern und sind sich dessen bewußt, daß ihre Anregungen, Interpretationen und Hilfen nur erste Impulse sein können, die, bereichert durch die konkreten Erfahrungen der praktizierenden Lehrer, Zug um Zug zur Verbesserung und Weiterentwicklung mathematischer Lernarbeit in unseren Schulen führen und Lehrern wie Schülern Sichtweisen eröffnen, die den mathematischen Unterricht zu einer interessanten und neu motivierenden Sache werden lassen.

Schwabach 1977 *Alfred Kriegelstein*

Hermann Maier

Schwerpunkte

Bemerkungen zu den Richtzielen des Curricularen Lehrplans

Hat man sich nicht allzusehr daran gewöhnt, daß Vorbemerkungen zu amtlichen Lehrplänen zwar als Themenvorrat für wohlformulierbare Prüfungsarbeiten dienen, das reale Unterrichtsgeschehen aber kaum beeinflussen? Für die tatsächliche Gestaltung des Mathematikunterrichts scheinen vor allem – vermittelt durch Schulbücher – die Einzelpläne zu den verschiedenen Jahrgangsstufen maßgebend und prägend zu sein, und dies nicht zuletzt deshalb, weil sich deren Befolgung mit einem weit größeren Anschein an Objektivität administrativ überprüfen und überwachen läßt.

Eine solche Praxis darf m. E. keinesfalls auf die neuen Curricularen Lehrpläne Bayerns für den Mathematikunterricht in der 5. und 6. Jahrgangsstufe übertragen werden. Diese enthalten nämlich in ihren verbindlichen Teilen (Spalten 1 und 2) kaum Inhalte und Ziele, die über die traditionellen Lehrpläne für den Rechenunterricht – z. B. über die Richtlinien für die Oberstufe der Bayerischen Volksschulen vom Jahre 1966 – hinausgehen würden: Aufbau der natürlichen Zahlen, Rechnen im größeren Zahlbereich, Einführung in den Bruchzahlbegriff, Rechnen mit »gemeinen Brüchen« und Dezimalbrüchen, Schlußrechnung, Einführung in die Prozentrechnung, Betrachtung und Berechnung von Rechteck (Quadrat) und Quader (Würfel). Lediglich im Bereich der Geometrie treten neben einer andersartigen Stoffverteilung – insbesondere einer früheren Behandlung von Kreis und Winkel – auch neue Inhalte auf: Die Kongruenzabbildungen Achsenspiegelung, Drehung und Parallelverschiebung.

Wer also von andersartiger Formulierung und äußerer Darstellung absehen kann, würde allein aus den Einzelplänen kaum Anhaltspunkte für eine substantielle Änderung oder gar eine Reform des traditionellen Rechenunterrichts herauslesen können.

Diese findet jedoch ihren Ausdruck und ihre Orientierung in den Richtzielen, die in den Vorbemerkungen formuliert sind, ergänzt und inhaltlich angereichert durch »übergeordnete Ziele, an deren Erreichung vor allem in Verbindung mit anderen Lernzielen im Verlauf der fünften und sechsten Jahrgangsstufe wiederholt gearbeitet werden soll« (Teil A). Diese Intentionen verdienen schon deshalb Beachtung, weil sie weitaus konkreter und präziser sind als entsprechende Zielformulierungen älterer Lehrpläne. In den schon erwähnten Richtlinien von 1966 hatte es lediglich geheißen: »Der Rechenunterricht hat die Aufgabe, Einsicht in die Welt der Zahlen zu vermitteln, eine angemessene Rechenfertigkeit zu erzielen und die Welt in Zahlen zu erschließen. Dabei werden die Schüler im klaren Denken geschult und zur Sachlichkeit erzogen.«

Die folgenden Ausführungen versuchen eine möglichst praxisbezogene Interpretation der Richtziele und der übergeordneten Ziele des neuen Curricularen Lehrplans für den Mathematikunterricht in der 5. und 6. Jahrgangsstufe. Sie muß, wie jede Interpretation, notwendig subjektiv sein und kann keinerlei amtliche Verbindlichkeiten beanspruchen. Vielmehr ist sie geprägt von einer bestimmten fachdidaktischen Position, die der Verfasser in zahlreichen Publikationen entwickelt und dargestellt hat.

»Einblick in die Bedeutung und Anwendbarkeit der Mathematik in den Bereichen des täglichen Lebens«

Bei diesem Richtziel darf man sich zunächst einmal an das traditionelle Sachrechnen erinnern. Die Formulierung weist jedoch deutlich darauf hin, daß es dabei nicht mehr in erster Linie um die vorwegnehmende Behandlung von Aufgaben gehen kann, wie sie im alltäglichen Leben vorkommen: Ratenberechnungen, Rabatt- und Skontorechnung, Kalkulation für Handwerksarbeiten, Hausfinanzierungen usw. Vielmehr kann und sollte bei der Auswahl der Sachgebiete mehr auf Interessen der Schüler und ihre Motivation Rücksicht genommen werden. Man wird also zuerst an Sachfelder wie Sport, Spiel, Technik, Verkehr, Jugendleben usw. denken. Für die Schüler gehört vielleicht auch das zum »täglichen Leben«, was ihnen in den Sachfächern begegnet. Dort wird ihr Interesse für neue Sachfelder erschlossen, so daß deren mathematische Erhellung in unmittelbarer zeitlicher Verbindung die besten sachlichen und motivationalen Voraussetzungen für die hier angedeutete Zielsetzung bieten dürfte.

Einblick in die Bedeutung und Anwendbarkeit der Mathematik läßt sich eigentlich an jedem beliebigen Sachverhalt gewinnen. Dabei braucht keineswegs eine systematische Behandlung sachrechnerischer Verfahren oder eine lückenlose Erschließung gewisser Sachbereiche intendiert zu werden. Es genügt, wenn die Schüler die Möglichkeit erkennen, die von ihnen erlernten fachlichen Kenntnisse und Verfahren in Sachfeldern anzuwenden.

Zu diesen Kenntnissen und Verfahren gehört dann allerdings nicht mehr nur das Rechnen. Auch das Aufstellen von Funktionen, das Darstellen von Mengen und Relationen lassen sich z. B. als Instrument zur Durchdringung von Sachbereichen anwenden. Das Sachrechnen ist also auszuweiten zu so etwas wie einer »sachbezogenen Mathematik«.

Die entsprechenden Aufgaben werden meist durch verbale Beschreibung von Situationen, also als Textaufgaben gestellt. Im Teil A des Curricularen Lehrplans sind unter II/1 dazu genauere Ziele angegeben. Die Schüler sollen fähig gemacht werden, in vorgegebenen Texten den mathematischen Sachverhalt zu erkennen und diesen mit fachlichen Bezeichnungen und Sätzen zu beschreiben bzw. in entsprechenden Symbolen und Zeichensystemen (Gleichungen, Funktionen usw.) darzustellen. Um dies leisten zu können, gilt es, Texte zu vereinfachen, die wichtigen Daten daraus hervorzuholen und die zwischen ihnen bestehenden Beziehungen zu erkennen sowie evtl. mit grafischen Mitteln darzustellen. Weiterhin sollen die Schüler in der Lage sein, einen Lösungsplan zu entwerfen, bei Rechnungen durch Vereinfachen des Zahlenmaterials das ungefähre Ergebnis überschlagsweise zu ermitteln, dann die nötigen Zahlengleichungen oder einen entsprechenden Term anzusetzen, um auf diese Weise das Resultat mit wünschenswerter Genauigkeit zu errechnen. Schließlich sind die Zahlergebnisse oder andere Resultate sachlich zu interpretieren und, etwa in einem Antwortsatz, zu formulieren.

»Fähigkeit, Sachzusammenhänge zu mathematisieren«

Unter II/2 ist im Teil A des Curricularen Lehrplans als gesondertes Ziel die Bereitschaft und die Fähigkeit aufgeführt, »geeignete Situationen zu mathematisieren und zu geeigneten mathematischen Vorgaben einen passenden Sachverhalt anzugeben«. Ebenso spricht ein Richtziel von der Fähigkeit, Sachzusammenhänge zu mathematisieren. Handelt es sich hier um eine andere Formulierung der im vorangegangenen Abschnitt erörterten Zielsetzung?

Zweifellos geht es in beiden Fällen um die Fähigkeit, einen vorgegebenen Sachverhalt mit mathematichen Mitteln zu durchdringen oder zu erhellen bzw. – in Umkehrung dieses Schrittes der Abstraktion – mathematische Darstellungen und Begriffe in einem sachbezogenen Modell zu konkretisieren.

Wenn jedoch von Mathematisierung die Rede ist, muß man davon ausgehen, daß die Schüler nicht ihnen schon bekannte Begriffe und Verfahren zur Realität in Beziehung setzen, also verfügbares Wissen anwenden sollen. Gemeint ist vielmehr die Bereitschaft und die Fähigkeit, bisher unbekannte mathematische Mittel aufzusuchen und zu erproben, mit denen man an eine vorgegebene Sachsituation herangehen kann. Bildlich gesprochen geht es also um die Entwicklung neuer fachlicher Werkzeuge, und das ist etwas anderes als der bloße Gebrauch der schon erworbenen.

In der 5. und 6. Jahrgangsstufe kann das geschehen –

a) beim Aufbau der Begriffe Flächeninhalt und Volumen, wo Situationen des unmittelbaren Größenvergleichs und des Ausmessens von Flächen und Körpern mathematisiert werden;

b) bei der Einführung in den Bruchzahlbegriff, wo wir Situationen, die das Unterteilen von Strecken und Flächen nach einem bestimmten Größenverhältnis oder das Teilen von numerischen Größenangaben und Anzahlen verlangen, der Mathematisierung unterziehen;

c) bei der Entwicklung des Funktionsbegriffs, wo Situationen einer funktionalen, insbesondere proportionalen oder umgekehrt proportionalen Zuordnung von Größen zu mathematisieren sind.

Mathematisierung ist ein Prozeß, bei dem die Schüler anhand konkreter Erfahrungen Einsichten und Erkenntnisse gewinnen, sowie fachliche Begriffe aufbauen können. Es soll meist ein länger andauernder und allmählich sich vollziehender Abstraktionsvorgang eingeleitet werden, den viele Lehrer dadurch zu kontrollieren versuchen, daß sie seine Umkehrung anregen; sie lassen zu den entwickelten mathematischen Begriffen und Verfahren entsprechende konkrete Situationen aufsuchen. Im Rahmen solcher Lernprozesse gewinnen die Schüler auch Einblick in die Möglichkeit und in das Verfahren der Entwicklung neuer mathematischer Begriffe und Theorien. Im Bild: Sie können sich in der Werkstätte des Mathematikers in elementarer Weise betätigen.

»Freude am spielerischen und entdeckenden Umgang mit mathematischen Gegenständen«

Nun muß und kann im Mathematikunterricht nicht jeder Begriff und jedes Verfahren aus der Beschäftigung mit konkreten Situationen entwickelt werden. So dürfte es z. B. die Schüler der 5. Jgst. eigenartig anmuten, wenn ihnen ein Lehrer, nachdem sie vier Schuljahre hindurch bis zur Million rechnen gelernt haben, die Addition $5 + 4$ an der Vereinigung von Mengen konkreter Objekte nochmals erläutern möchte. Auch die weit verbreitete, sehr enge Bindung von Begriffen wie Würfel und Quader oder Symmetrie an reale Objekte ist oft eher irreführend als hilfreich und der terminologischen Klarheit abträglich.

Die denkende Auseinandersetzung mit selbst hergestellten Modellen und selbst durchgeführten Konstruktionen dürfte in der Regel eine wesentlich solidere Grundlage für die begriffliche Abstraktion bilden. Auch die Volumenberechnung z. B. des Quaders muß nicht unbedingt mit einer Aufgabe der Art »ein quaderförmiges Schwimmbecken . . .« begonnen werden. Ein konkretes Tun, bei dem etwa aus einer vorgegebenen Anzahl von Würfeln volumengleiche Quader verschiedener Form gebaut werden, kann sachlich weit instruktiver und für die Schüler wesentlich motivierender sein.

Allgemein darf man wohl sagen, daß im traditionellen Rechenunterricht der Sachbezug oft allzu krampfhaft und lebensfremd hergestellt und vor allem seine Motivationskraft für die Schüler weit überschätzt wurde. Eine problemorientierte und mehr spielerisch betriebene Beschäftigung mit mathematischen Objekten, auch wenn sie ungegenständlichen, ja formalen Charakter hat, kann ein äußerst intensiver Impuls für das mathematische Denken und eine Quelle von Entdeckungen zu fachlichen Begriffen und Zusammenhängen sein. Daher darf man es zu Recht als ein wichtiges Ziel des Mathematikunterrichts betrachten, in den Schülern die Freude an einem spielerischen und entdeckenden Umgang mit mathematischen Gegenständen lebendig zu halten oder nötigenfalls neu zu wecken.

Letzteres dürfte vor allem für Schüler nötig sein, deren Denken in der Routine sogenannter sachgebundener Einstiege erstarb oder bei denen die Sensibilität für theoretische Problemstellungen verschüttet wurde.

»Fähigkeit, sprachlich klar und exakt zu formulieren«

Dieses sehr hoch gesteckte Ziel versuchen manche Lehrer in einer Art Hauruck-Verfahren dadurch zu erreichen, daß sie zu jeder neuen fachlichen Thematik fixe Sprachmuster vorgeben: »Wenn 3,7 kg der Ware 48,10 DM kosten, dann ...« oder »Flächeninhalt des Rechtecks ist gleich Fläche des Grundstreifens mal Anzahl der Streifen; das Rechteck ist 7,5 cm lang, die Fläche des Grundstreifens ist daher 7,5 cm^2 ...« Die Leistung der Schüler besteht eigentlich nur darin, sich solche vorgegebenen sprachlichen Schemata einzuprägen und sie aufgabenentsprechend möglichst getreu zu reproduzieren.

Leider muß man sagen, daß ein solches Verfahren dem oben genannten Ziel allein nicht gerecht werden kann. Der Lehrplan kann nur die Fähigkeit der Schüler meinen, auch beim spontanen Sprechen klar und exakt zu formulieren; denn nach Beendigung der Schulzeit steht ja niemand mehr bereit, der Formulierungen vorgeben könnte. Eine solche Fähigkeit kann freilich nur in einem ständigen Bemühen um die Formung der kindlichen Sprache gefördert werden. Dazu gehört ein Unterricht, in dem viel Gelegenheit zum spontanen Formulieren besteht, nicht nur im Rahmen von Partner- und Gruppenarbeit, sondern auch im Klassengespräch unter der Beobachtung und behutsamen Führung des Lehrers.

Kein Erwachsener wird von sich behaupten wollen, daß er in jeder Situation auf Anhieb vollständig exakt und klar formulieren könnte. Jeder sollte irgendwie ständig auf dem Weg zu diesem Ziel sein. Ein Lehrer vergibt sich daher nichts, wenn er sich der im Unterricht zu organisierenden, stetigen und wechselseitigen Kontrolle der sprachlichen Klarheit und Genauigkeit aller Gesprächsteilnehmer auch selbst unterwirft. Wer sich eingehender mit der Sprache im Mathematikunterricht beschäftigt, weiß, wie häufig das Begriffs- und Aufgabenverständnis der Schüler gerade durch eine zuwenig präzise Sprache des Lehrers leidet. Er weiß auch, wie sehr Lehrer, die ihren Schülern das spontane sprachliche Formulieren ersparen möchten, in Gefahr geraten, Verständnisschwierigkeiten und Verständnislücken durch vorgegebene Sprachmuster zu übertünchen und so in die nächste Jahrgangsstufe abzuschieben.

Es muß in diesem Zusammenhang auch erwähnt werden, daß Klarheit und Exaktheit nicht als absolute, sondern als relative Eigenschaften der Unterrichtssprache zu betrachten sind. Als klar und exakt darf, ganz pragmatisch, weithin einfach das gelten, was von den am Gespräch Beteiligten im gemeinten Sinne eindeutig aufgefaßt und verstanden wird. So ist z. B. der Satz „Zeige den Umfang des Rechtecks« zwar sachlich nicht korrekt, dürfte aber dennoch kaum von einem Schüler mißverstanden werden. Freilich sollte sich derselbe Schüler bewußt sein, daß der Umfang eine Länge ist und als solche nicht gezeigt werden kann. Zeigen lassen sich nur die Strecken (Seiten) des Rechtecks, deren Längen zusammen den Umfang bilden.

»Fähigkeit, Symbole und Abkürzungen einer Fachsprache in ihrer Bedeutung zu erkennen und sie sinnvoll zu gebrauchen«

Mit diesem Ziel stehen wir ohne Zweifel im Zentrum der Bemühungen um eine Reform des Rechenunterrichts in der 5. und 6. Jgst. der Hauptschule. Es geht m. E. in diesem Zusammenhang um ein Dreifaches:

a) Um die Korrektur eines mathematisch unüblichen oder gar fachlich bedenklichen Gebrauchs mathematischer Zeichen im traditionellen Rechenunterricht;

b) um eine Bereicherung des symbolischen Instrumentariums im Sinne einer größeren Flexibilität der Darstellung mathematischer Sachverhalte und damit auch des mathematischen Denkens selbst;

c) insbesondere um eine Weiterentwicklung der Fähigkeit zum Gebrauch von Mengensprech- und -schreibweisen, wie sie im Teil A unter III verlangt und präzisiert wird.

Im traditionellen Unterricht wurden an mathematischen Zeichen im wesentlichen eigentlich nur Gleichungen und Formeln verwendet, letztere eingeschränkt auf die Inhaltsberechnung von Flächen und Körpern. Dies geschah freilich mit teilweise eklatanten Verstößen gegen den mathematisch üblichen Gebrauch.

Eine Gleichung wie z. B. $345 + 458 = 803$ wurde als ein Satz aufgefaßt, bei dem links vom Gleichheitszeichen eine Aufgabe und rechts von ihm ein Resultat steht. Entsprechend mußte dann schon die seitenvertauschte Darstellung derselben Gleichung, nämlich $803 = 345 + 458$, als eine andersartige Aufgabe (Zerlegaufgabe) interpretiert werden. Eine Gleichung wie z. B. $3 \cdot 7 = 15 + 5$ vermied man aus zwei Gründen gänzlich: Zum ersten wies sie kein »Resultat« aus, und zum zweiten galt eine falsche Gleichung überhaupt nicht als Gleichung.

Im Gegensatz dazu sind nach üblichem mathematischem Verständnis die beiden Gleichungsseiten beliebig vertauschbare Darstellungen von Zahlen, über die mittels des Zeichens »=« Gleichheit ausgesagt wird. Die Bezeichnung »Gleichung« ist unabhängig davon, ob die Aussage wahr oder falsch ist.

In der Flächenberechnung wurde die Formel $F = l \cdot b$ so verbalisiert und verwendet, daß l (wie auch F) für einen Flächeninhalt (nämlich den des Grundstreifens) und b für eine Anzahl (nämlich die der Streifen) stand. So darf man natürlich Variablen nicht benutzen. Allgemein lag der Variablengebrauch im argen. Vielfach wurden Gleichungen ohne Variablen und damit unvollständig notiert ($345 + 458 = \ldots$). Falls dennoch etwa die Variable x eingefügt wurde, erklärte man den Schülern, x stehe als »Unbekannte« für eine bestimmte Zahl, nämlich für die Lösung der Gleichung. (Diese Auffassung bricht natürlich schon in sich zusammen, sobald eine Gleichung bzw. eine Ungleichung mehrere Lösungen hat.) x muß nach heutigem Verständnis als Platzhalter für eine Menge von Zahlen betrachtet werden, die als Grundbereich eigens festzusetzen ist, wenn nicht eine generelle Vereinbarung besteht.

Im heutigen Mathematikunterricht erlernen die Kinder schon in der Grundschule über Variablengebrauch und Gleichungen hinaus eine Reihe weiterer Darstellungsmittel und Notationen. Da sind die Zeichen $>$ und $<$ und die Ungleichungen, da sind die Mengenklammern, Zeichen zum Notieren und Negieren der Element- und Mengenbeziehungen sowie Symbole für die Mengenverknüpfungen, z. B. $\cup$ und $\cap$. Hinzu kommen diagrammartige Zeichen für Relationen und Verknüpfungen: Pfeildiagramm, Rechenplan, Venndiagramm, Matrixdiagramm bzw. Tabelle mit zwei Eingängen, usw.

In der 5. und 6. Jgst. geht es darum, die in der Grundschule erworbenen Darstellungsmittel in sinnvollen Zusammenhängen möglichst konsequent und häufig zu benutzen, um auf diese Weise ihren Ausdrucks- und Erkenntniswert voll auszuschöpfen. Das schließt zwar spezielle Aufgabenserien bzw. Lernsequenzen zur Einübung und Vertiefung ihres Gebrauchs nicht aus. Sicher verstößt man aber in zweifacher Weise gegen den Sinn des hier diskutierten Lernziels, wenn man die Verwendung dieser Zeichen und Symbole auf einen speziellen »Mengenlehrekurs« beschränkt und im weiteren Verlauf einen Rechenunterricht mit traditionellen Darstellungsweisen betreibt, als sei nichts geschehen. Selbstzweckhaft Darstellungsweisen zu erlernen, die ihrer dienenden Funktion beraubt sind, bedeutet doch wohl nicht nur einen eklatanten Verstoß gegen das Prinzip der Motivation, sondern auch gegen die notwendige Zeitökonomie im Mathematikunterricht.

»Fähigkeit, folgerichtig zu denken«

Ähnlich wie die präzise Sprache gehört das folgerichtige Denken zu jenen Zielstellungen, denen der Mathematikunterricht die Schüler zwar eine kleine Etappe näherzuführen versuchen sollte, an deren Erreichen aber auch Erwachsene ein Leben lang arbeiten können.

Für die 5. und 6. Jgst. dürfte ohnehin nicht in erster Linie an das streng deduktive Denken gemäß den Gesetzen der Aussagen- und Prädikatenlogik gedacht sein. Hier wird man Formen des sogenannten plausiblen Schließens nicht nur einbeziehen, sondern sogar in den Vordergrund stellen. Folgerichtiges Denken liegt z. B. vor, wenn Schüler aufgrund mehrerer Rechenbeispiele die Gültigkeit des Assoziativgesetzes für die Multiplikation einsehen (Schluß durch unvollständige Induktion), wenn sie aus Erfahrungen beim Ausmessen von Rechtecksflächen die Formel für deren Inhaltsberechnung ableiten (anschauliches Schließen) oder wenn sie den Weg zur Gewinnung dieser Formel auf die Inhaltsberechnung des Quaders analog übertragen (Schluß durch Analogie bzw. durch Verallgemeinerung).

Letztlich verlangt ja jedes Anwenden von Begriffen und Verfahren in einer neuen Situation, insbesondere das Bewältigen von Sachaufgaben, verallgemeinerndes, analogiebildendes, planendes und damit folgerichtiges Denken. In diesem Denken können die Schüler freilich nur dann gefördert werden, wenn ihnen der Unterricht Gelegenheit bietet, selbständig Probleme zu finden und deren Lösung zu versuchen, und dies auch dann, wenn ihnen kein vorgegebenes Lösungsschema verfügbar ist. Hier bedarf es vielfach noch eines radikalen Umdenkens bezüglich der methodischen Grundeinstellung zum Mathematiklernen.

Das folgerichtige Denken läßt sich nämlich sicher nicht fördern, wenn Begriffe und Verfahren nach traditioneller Rechenmethodik in einer sogenannten Einführungsstunde einmal erklärt, vorgeführt oder abgleitet werden, um dann in langen Folgen gleichförmiger sogenannter Übungsaufgaben oft gedankenlos angewendet zu werden. Immer noch gibt es zu viele »Einführungsstunden«, in denen man z. B. scheinbar mühelos in 45 Minuten vom Ausmessen des Flächeninhalts eines Rechtecks mit freigewählten Einheiten zur fertigen Formel gelangt, um deren Gebrauch dann wochenlang in zeitverschwenderischer Weise, weil ohne nennenswerten Lernzuwachs, zu üben. Die Prinzipien von der Selbsttätigkeit und der Abstraktion aus dem Konkreten werden hier für eine Unterrichtseinheit vorübergehend in Kraft gesetzt, um dann sogleich wieder in der langweiligen Mühle eines trostlosen Übungsbetriebes unterzugehen.

Mit Blick auf das oben genannte Ziel müssen wir Abstand nehmen von einem Unterricht, in welchem alle Schüler von der Förderung ihrer Denkfähigkeit ausgeschlossen und auf Übungsdressur gesetzt werden, die den rasanten Abstraktionssprüngen sogenannter Einführungsstunden nicht gewachsen sind, und wo dann auch noch die übrigen Schüler, für eine verfehlte Methodik bestraft, Verfahren üben müssen, die sie längst verstanden haben und beherrschen.

»Fähigkeit, sich geometrische Zusammenhänge anschaulich vorzustellen«

Diese Zielformulierung macht u. a. klar, daß die im Raumlehreunterricht übliche, einzelne Formen isolierende Flächen- und Körperbetrachtung nicht mehr als ausreichend erachtet werden kann, vor allem, wenn sie sich auf eine additive Aufzählung von Eigenschaften beschränkt: Das Rechteck hat vier rechte Winkel; die gegenüberliegenden Seiten sind parallel und gleich lang, usf.

Wichtig sind vielmehr Zusammenhänge wie z. B. die Hierarchie der Vierecke: Das Quadrat ist ein spezielles Rechteck, das Rechteck ein spezielles Parallelogramm, das Parallelogramm ein spezielles Trapez und dieses ein spezielles Viereck. Man wird also fragen, wie man ein allgemeines Viereck verändern muß, um ein Trapez zu erhalten, wie ein Trapez in ein Parallelogramm und dieses in ein Rechteck oder ein Quadrat übergeführt werden kann. Wichtig sind aber auch Symmetrieeigenschaften (Achsensymmetrien, Punktsymmetrien, Drehsymmetrien) verschiedener Figuren, Möglichkeiten einer inhaltsvarianten Umformung (z. B. durch Scherung), einer ähnlichen Vergrößerung oder Verkleinerung, einer Konstruktion aus vorgegebenen Eigenschaften usw.

Anstelle der traditionellen, isolierenden Behandlung einzelner Flächenformen wie Quadrat, Rechteck, Parallelogramm usw. wird man deshalb vielleicht eine Sequenz so planen:

a) Bekanntmachen mit den Bezeichnungen aller regelmäßigen Vierecke im Rahmen einer Übung des Sortierens bzw. Klassifizierens (Quadrat, Rechteck, Parallelogramm, Raute, Trapez).

b) Untersuchen der verschiedenen Vierecke nach Symmetrien, Umformungsmöglichkeiten, perspektivisches Erscheinungsbild usw. (Lage und Anzahl von Symmetrieachsen, Schattenbilder, Trapez als »abgeschnittenes Dreieck« usw.).

c) Beschreiben der Figuren mit dem Ziel, geeignete Definitionen zu erarbeiten (z. B. Parallelogramm als Viereck mit parallelen Gegenseiten).

d) Herausarbeiten von ableitbaren Eigenschaften, z. B. gleiche Länge der Gegenseiten im Parallelogramm, und von Begriffszusammenhängen, insb. von Hierarchien.

Dies alles vollzieht sich in Verbindung mit Handlungen des Schneidens, Faltens, Zeichnens und Messens.

Die Fähigkeit zur »anschaulichen Vorstellung« betrifft vor allem Zusammenhänge im dreidimensionalen Raum. Sie läßt sich beispielsweise steigern durch Übungen im zweidimensionalen Abbilden von geometrischen Körpern und im Interpretieren von Körperansichten und Schrägbildern, durch das Zuordnen von Netzen und Netzteilen zu Körpermodellen bzw. zu Teilen solcher Modelle, durch das vorstellungsmäßige Zerlegen und Zusammenbauen von Körpern u. ä.

Der tätige Umgang mit konkreten, am besten selbst gebauten Modellen dürfte dabei für die Schüler als Erfahrungsgrundlage kaum durch Bilder und verbale Beschreibungen ersetzbar sein. An Modelle gebundene Zeichnungen und Verbalisierungen gelingen den Schülern in der Regel nicht nur leichter, sondern auch präziser.

Zur Raumvorstellung gehört im übrigen auch die Fähigkeit zum Erkennen und Beschreiben räumlicher Lagebeziehungen. In der Ebene können sie am besten mit Hilfe eines Koordinatensystems im Gitter präzisiert werden.

Aus dem gymnasialen Lehrplan wurde nun auch die Aufgabe übernommen, die Schüler stärker mit den geometrischen Grundbegriffen Punkt, Gerade, Ebene zu befassen. Es sollen dann Begriffe wie Halbgerade und Strecke, Halbebene und Fläche abgeleitet und Eigenschaften wie parallel und senkrecht besprochen werden.

Hier eignen sich reale Objekte und Körpermodelle nicht, um klare Begriffsvorstellungen zu entwickeln. Jedoch bietet die Punktmengenauffassung eine geeignete gedankliche Grundlage sowie eindeutige Beschreibungsmöglichkeiten. Hat man z. B. auf einer Geraden zwei Punkte A und B markiert, so kann man eine Halbgerade mit Anfangspunkt A beschreiben als Menge der Geradenpunkte, die (bezüglich A) auf der Seite von B liegen. Die Kreislinie läßt sich auffassen als die Menge jener Punkte, die vom Mittelpunkt einen konstanten Abstand r haben. Die Kreisfläche setzt sich zusammen aus den Punkten der Kreislinie und allen in ihrem Innern liegenden Punkten.

»Beherrschung von mathematischen Verfahren bei altersgemäßer Einsicht in deren grundlegende Gesetzmäßigkeit«

Die Anwendung von Verfahren, die aus einer festgelegten, sich meist streng wiederholenden Abfolge von Einzelschritten bestehen, ist u. a. kennzeichnend für die Mathematik. Im Bereich der 5. und 6. Jgst. stehen wohl die vier Grundrechenarten, angewendet auf natürliche Zahlen und Bruchzahlen (insbes. in dezimaler Darstellung), Verfahren zur Berechnung von Flächen und Rauminhalten sowie Verfahren der Schluß- und Prozentrechnung im Vordergrund.

Die Gesetzmäßigkeiten, die den schriftlichen Rechenverfahren zugrunde liegen, können die Schüler über eine gründliche Einsicht in den Aufbau unseres Stellenwertsystems erkennen. Diese entwickelt sich einerseits bei einer an Bündeln und Tauschen gebundenen Zahlnotation, die sich auch auf nichtdekadische Systeme erstreckt, andererseits bei einer begrifflichen Analyse mittels Bezeichnungen wie Stellenwert, Stufenzahl, Stufenzeichen usw.

Bei den übrigen der genannten Verfahren läßt sich das Verständnis vor allem durch eine Einbettung in den ihnen allen zugrundeliegenden Funktionsbegriff vertiefen. Formeln zur Inhaltsberechnung sind ja nichts anderes als Funktionsgleichungen, welche die Abhängigkeit des Inhalts von gewissen Längen ausdrücken. Solche Variablengleichungen könnten auch in der Prozent- und Schlußrechnung Verwendung finden, wo wir es mit Proportionen bzw. Antiproportionen, d. h. mit Funktionen der Form $y = a \cdot x$ bzw. $y = \frac{a}{x}$ zu tun haben. (a steht für eine Konstante, x für die unabhängige und y für die abhängige Variable.)

»Sicherheit im Umgang mit mathematischen Geräten«

Hinter dieser, wohl auch etwas zu allgemein geratenen Formulierung versteckt sich in der Hauptsache der Gebrauch des Geodreiecks. Dieses erlaubt neben dem Zeichnen gerader Linien

- das Messen und Abtragen von Streckenlängen (auch in Verbindung mit dem Zeichnen von Loten),
- das Zeichnen von rechten Winkeln,
- das Zeichnen von Parallelen zu einer Geraden in einem vorgegebenen Abstand oder durch einen vorgegebenen Punkt,
- das Messen und Abtragen von Winkeln.

Es handelt sich also um ein sehr vielseitiges und damit auch etwas komplexes Gerät. Ein sicherer und gewandter Umgang mit ihm bedarf daher einer speziellen und eingehenden Schulung. Keinesfalls darf er als Selbstverständlichkeit vorausgesetzt werden.

Vielleicht konnten die vorgetragenen Interpretationen zu den Richtzielen der Curricularen Lehrpläne für den Mathematikunterricht in der 5. und

6. Jahrgangsstufe davon überzeugen, daß sich die aus verschiedenen Gründen nötig gewordene Reform des Rechenunterrichts nicht auf eine »Einführung der Mengenlehre« reduzieren läßt.

Im Kern geht es weit mehr um eine methodische denn um eine inhaltliche Veränderung. Die Überprüfung einiger eingefahrener, inzwischen aber als überholt erkannter Geleise der traditionellen Methodik erscheint mir weit bedeutsamer als der Gebrauch von ein paar Mengenschreibweisen, der allenfalls einen untergeordneten Teilaspekt der Reform darstellen kann.

Karl-Heinz Kolbinger

Grundrechenarten

Bevor der Zahlenbereich über die Menge der natürlichen Zahlen einerseits in die Menge der Bruchzahlen andererseits in die Menge der negativen Zahlen erweitert wird, werden noch mal in ihm die Operationen der ersten (Addition und Subtraktion) und der zweiten Stufe (Multiplikation und Division) wiederholt und vertieft. Der Unterricht in der Grundschule führte bereits behutsam und gestuft in die vier Grundrechenarten ein.

In der Hauptschule erfolgt eine systematische Behandlung. Diese Behandlung soll bewirken, daß eine gemeinsame Lernbasis für die aus den verschiedenen 4. Jahrgangsstufen der Grundschule zusammengefaßten Schüler geschaffen wird. Darüber hinaus soll erneut das Verständnis für die Eigenschaften und Gesetzmäßigkeiten der Operationen und ihrer Umkehrungsoperationen geweckt werden. Zugleich werden alle mathematischen Fachausdrücke eingeführt. Der Umgang mit Term, Gleichung und Ungleichung soll eine systematische Gleichungslehre vorbereiten. Nebenbei werden noch einmal die schriftlichen Rechenverfahren einsichtig gemacht. Der verstärkt gewonnene Überblick wird später beim Addieren und Subtrahieren, Multiplizieren und Dividieren von Brüchen, von Dezimalbrüchen und von negativen Zahlen von Bedeutung sein.

Die Modelle der vier Grundrechenarten

In der Grundschule wurden bereits die Modelle als Handlungsvorgänge verwendet, um die jeweiligen Zahlenoperationen vorzubereiten. In der Hauptschule soll durch die Erkenntnis des Zusammenhanges des Modells und der Verknüpfung das Wesen der Operation erhellt werden. Die einzelnen Operationen können durch drei verschiedene Modellarten gedeutet werden.

Mengenmodell

Das Mengenmodell ermöglicht es, durch Benützung von konkreten Objekten die abstrakteren zahltheoretischen Verknüpfungen zu verdeutlichen. Die aktive Auseinandersetzung mit den Handlungsvollzügen des Vereinigens, Verminderns, Aufteilens und Verteilens führt zu einer Verinnerlichung der strukturgleichen Abläufe der abstrakteren Operationen des Addierens, des Subtrahierens, des Multiplizierens und Dividierens. Diese konkreten Mengenoperationen sind Rechenhandlungen. Ihre Umsetzung von der Sache in die Zahlensprache steht somit auch im Dienst der Bewältigung von Sachaufgaben.

Vereinigungsmenge und Addition – Restmenge und Subtraktion
Im Gegensatz zur Grundschule werden jetzt alle möglichen Arten der Vereinigungsmengenbildung verwendet, um dem Schüler aufzuzeigen, daß nicht jede Vereinigungsmengenbildung ein Modell für die Addition ist. Analog wie beim Aufzeigen des Zusammenhanges zwischen Vereinigungsmenge und Addition soll durch alle möglichen Restmengenbildungen in der Hauptschule aufgezeigt werden, daß nicht jede Restmengenbildung als Modell für die Subtraktion verwendet werden kann.

In Menge A sind Elemente, die zugleich Elemente von B sind (elementgemeinsame Mengen, konjunkte Mengen).

Menge A: Schüler mit roten Pullovern: 14 — Beispiel 1
Menge B: Schüler mit schwarzen Schuhen: 11

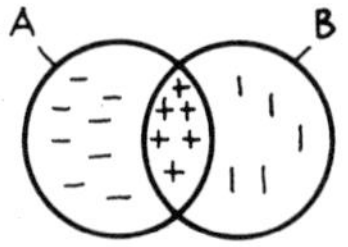

In Menge B sind keine Elemente, die zugleich Elemente von B sind (elementfremde Mengen, disjunkte Mengen).
Menge A: Knaben: 11 — Beispiel 2
Menge B: Mädchen: 14

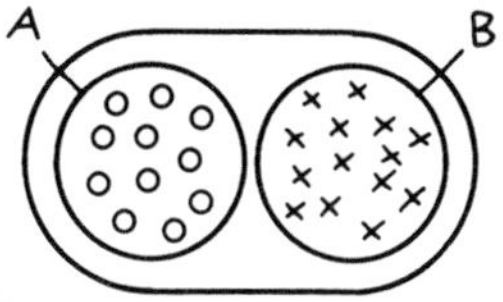

Menge B ist eine Teilmenge von A.
Menge A: Kinder: 14 — Beispiel 3
Menge B: Schüler: 8

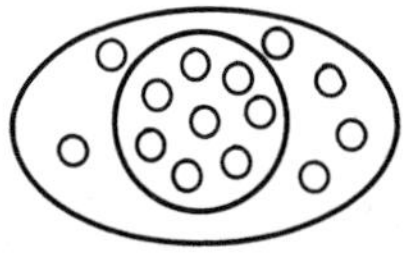

	Anzahl in A	Anzahl in B	Anzahl in A ∪ B	Anzahl in A\B
Beispiel 1 (konjunkte Mengen)	14	11	19	8
Beispiel 2 (disjunkte Mengen)	17	18	35	17
Beispiel 3 (B ⊂ A)	14	8	14	6

Es wird sichtbar, daß die Vereinigungsmenge nur dann ein Modell für die Addition ist, wenn wie im 2. Beispiel beide Mengen elementfremd sind. Nur dann gilt, daß die Anzahl der Elemente von A plus der Anzahl der Elemente von B gleich die Anzahl der Elemente von A ∪ B ist.

Ebenso wird erkennbar, daß die Restmengenbildung nur dann ein Modell für die Subtraktion ist, wenn die zweite Menge eine Teilmenge der ersten ist. Es ist damit das Gegenstück zur Vereinigung elementfremder Mengen. Wenn B eine Teilmenge von A ist, gilt: Anzahl der Elemente von A minus Anzahl der Elemente von B gleich Anzahl der Elemente von A \ B.

Vereinigen von Mengen – Verbindungsmenge und Multiplikation

Menge A: Schüler einer 5. Jgst.: 6	Menge A: Eier: 6
Menge B: Schüler einer 6. Jgst.: 5	Menge B: Eier: 6
Menge C: Schüler einer 7. Jgst.: 4	Menge C: Eier: 6

<table>
<tr><td>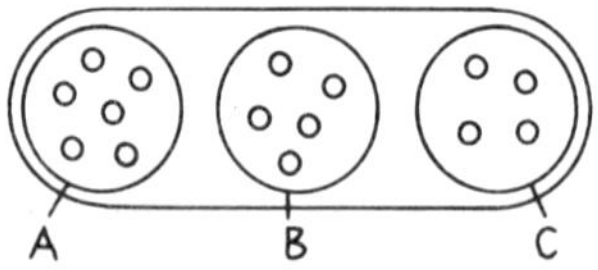
</td><td>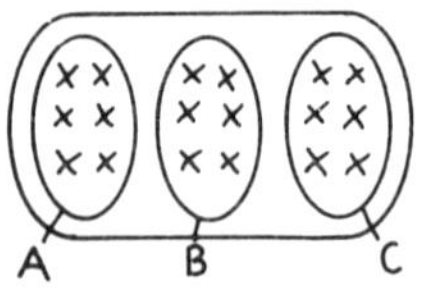
</td></tr>
<tr><td>6 + 5 + 4
Summenbildung möglich, aber keine Produktbildung möglich</td><td>6 + 6 + 6
dreimal der Summand 6
3 · 6</td></tr>
</table>

Zur Multiplikationsbildung benötigt das Modell der Vereinigung disjunkter Mengen noch gleichmächtige Mengen (d. h., die Mengen haben jeweils die gleiche Anzahl von Elementen). Es wird dabei sichtbar, daß die Multiplikation zweier natürlicher Zahlen eine verkürzte Addition gleicher Summanden ist. Die Zurückführung auf die Addition ist nur möglich, wenn die Faktoren aus natürlichen Zahlen bestehen.

In einem weiteren Modell wird das Produkt zweier natürlicher Zahlen auf die Anzahl der Elemente der Verbindungsmenge (Produktmenge, Kreuzpunkt, Cartesisches Produkt) zurückgeführt, dadurch wird die Multiplikation nicht abhängig von der Addition, sondern gleichwertig neben der Addition dargestellt.

Zwei Knaben rufen drei Mädchen an. Jeder Knabe telefoniert mit jedem Mädchen. Wie viele Anrufe werden ausgeführt?

K: Menge der Knaben: 2
M: Menge der Mädchen: 3
Mögliche Darstellungen: s. Seite 25.

Es entstehen dabei 6 Verbindungen

Wichtig bei der Bildung der Verbindungsmenge ist die Beachtung der Reihenfolge: Ausgegangen wird immer von einem Element der ersten Ausgangsmenge (K); dieses wird mit einem Element der zweiten Menge verbunden (M). An erster Stelle in unserem Beispiel steht immer der Anrufer, der auch dieses Gespräch bezahlen muß. Werden später Zahlen in die beiden Mengen eingesetzt, dann erhalten wir in der Verbindungsmenge Zahlenpaare. Das Paar (3, 4) ergibt im Koordinatensystem einen anderen Punkt als

<table>
<tr>
<td>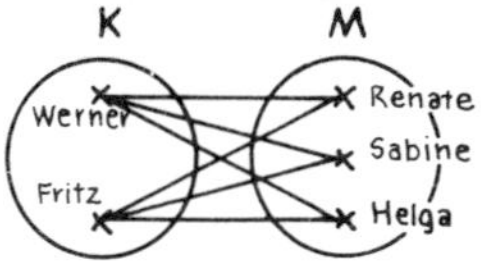
</td>
<td><table><tr><td>K/M</td><td>Renate</td><td>Sabine</td><td>Helga</td></tr><tr><td>Werner</td><td>×</td><td>×</td><td>×</td></tr><tr><td>Fritz</td><td>×</td><td>×</td><td>×</td></tr></table></td>
<td>K × M =
= {(Werner, Renate)
(Werner, Sabine)
(Werner, Helga)
(Fritz, Renate)
(Fritz, Sabine)
(Fritz, Helga)</td>
</tr>
<tr>
<td>Jedes Element der Menge K wird mit jedem Element der Menge M verbunden.</td>
<td>Hier sind die Verbindungen in Tabellenform dargestellt.</td>
<td>Es werden alle möglichen Verbindungen als Paar in einer Menge zusammengefaßt (Paarmenge).</td>
</tr>
</table>

das Paar (4, 3). Die Produktmengenbildung ist ein Ausgangspunkt für die spätere Behandlung von Relationen, Funktionen und von Aufgaben aus der Wahrscheinlichkeitslehre.

Die Menge K in unserem Beispiel besteht aus zwei Elementen, die Menge M aus drei Elementen. Die Verbindungsmenge besitzt $2 \cdot 3$ Elemente. Jedem Faktor wird eine Menge, dem Produkt wird die Verbindungsmenge zugeordnet. Der Zusammenhang zwischen Verbindungsmenge und Multiplikation ist nicht eingeengt wie bei Vereinigungsmenge und Addition sowie bei Restmenge und Subtraktion. Es gilt: Anzahl der Elemente von K mal der Anzahl von M gleich Anzahl der Elemente von K × M.

Aufteilen und Verteilen – Division
Aufteilen (Messen) und Verteilen (Teilen) sind zwei verschieden ablaufende Tätigkeiten der Division.

<table>
<tr>
<td>Aufteilen (Messen)
12 Blumen sind vorhanden. Vier Blumen werden zu einem Strauß gebündelt.</td>
<td>Verteilen (Teilen)
12 Blumen sind vorhanden. Drei Sträuße sollen entstehen.</td>
</tr>
<tr>
<td>
Wie viele Sträuße lassen sich bündeln?</td>
<td>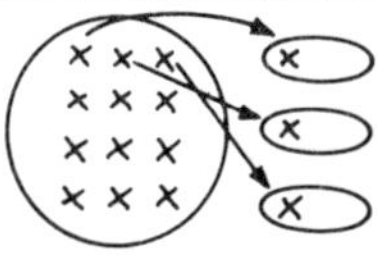
Wie viele Blumen werden in einen Strauß gelegt?</td>
</tr>
<tr>
<td>• Ausgangsmenge zeichnen
• Teilmengen mit gegebener Anzahl einkreisen
• Entstandene Teilmengen abzählen</td>
<td>• Ausgangsmenge zeichnen
• Elemente in die vorgegebene Anzahl von Teilmengen verteilen
• Elemente in einer der Teilmengen abzählen</td>
</tr>
</table>

Beim Aufteilen (Messen) ist die Anzahl in einer Teilmenge (Strauß) gegeben. Beim Verteilen (Teilen) ist die Anzahl der Teilmengen gegeben. Gesucht wird beim Aufteilen die Anzahl der Teilmengen, beim Verteilen die Anzahl von Elementen in einer Teilmenge.

Verdeutlichung am Zahlenstrahl

Ein weiteres Modell für das Verständnis der Operationen bildet der Zahlenstrahl. Man versteht darunter eine Halbgerade. Eine gerade Linie, die nach beiden Richtungen unbegrenzt ist, wird als Gerade bezeichnet. Durch einen Punkt kann diese Gerade in zwei Stücke zerlegt werden. Man erhält auf diese Weise zwei Halbgeraden. Auf dieser Halbgeraden werden vom Ausgangspunkt die Menge der natürlichen Zahlen einschließlich der Zahl 0 ($\mathbb{N}_0$) als äquidistante Punkte abgebildet. Dem Anfangszustand entspricht die Zahl 0, dem darauffolgenden Punkt die nächstfolgende Zahl. Dieses Modell zeigt, daß sich die Grundrechnungsarten aus dem Zählvorgang, dem Numeratio (Aufzählen) und dem Denumeratio (Wegzählen) entwickelt haben.

Vorwärtsschreiten am Zahlenstrahl – Aneinanderlegen von Strecken – Addition

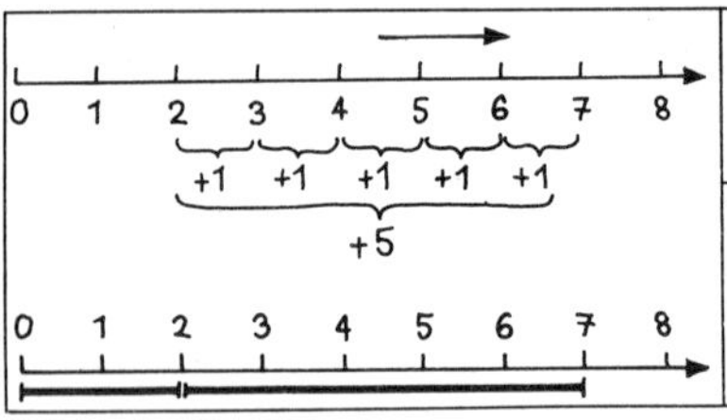

Das Addieren ist ein verkürztes Zählen (Vorwärtsschreiten am Zahlenstrahl).

Die Länge von Strecken wird als Zahleigenschaft benutzt. Das Aneinanderfügen von Strecken führt dabei zur Addition.

Rückwärtsschreiten am Zahlenstrahl – Wegnehmen von einer Strecke – Subtraktion

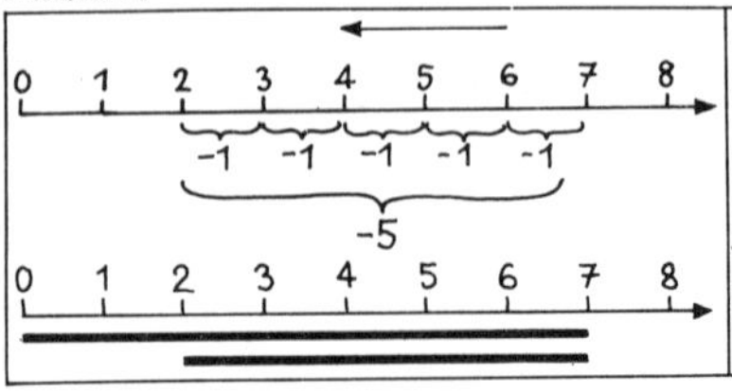

Das Subtrahieren ist ein verkürztes Wegzählen (Rückwärtsschreiten am Zahlenstrahl).

Das Wegnehmen einer Strecke führt zur Subtraktion.

Aneinanderfügen von Strecken, Strecken von Strecken: Multiplikation

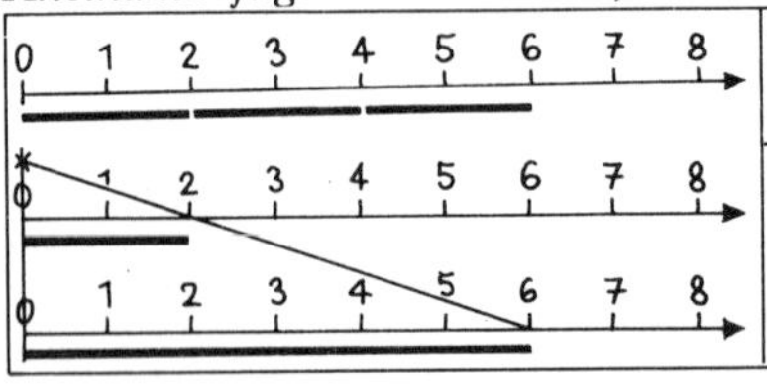

Drei gleich lange Strecken werden aneinandergefügt.

Die Strecke wird um das Dreifache gestreckt (»Streckung«).

Zerlegen und Messen: Division

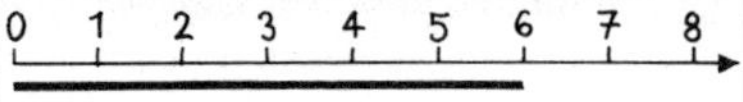	Zerlegung in drei gleiche Teile (Teilen)
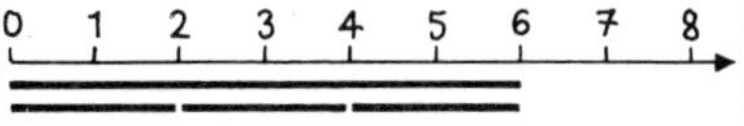	Wie oft ist eine gegebene Strecke in der Gesamtstrecke enthalten? (Messen)
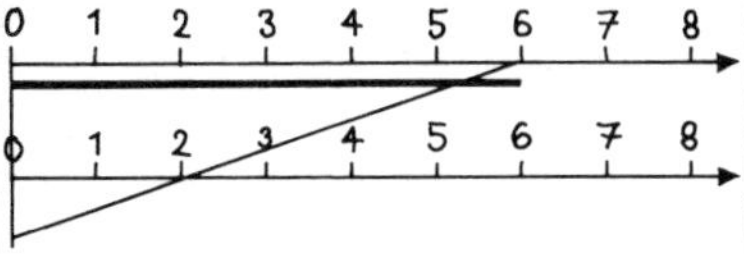	Die beiden Vorgänge (Teilen und Messen) können auch durch eine Schrumpfung (»Stauchung«) verdeutlicht werden. Eine Strecke wird verkürzt.

Operatormodell

Das Operatormodell erlangt im Bereich der Hauptschule besondere Bedeutung. Es läßt sich in der Bruchrechnung, bei Maßstabsaufgaben, bei Prozent- und Zinsaufgaben erfolgreich anwenden. Bei den Grundrechenarten verdeutlicht es die mathematische Auffassung der Abbildung. Abbildung läßt sich am leichtesten klären als eine Zuordnung.

Beispiel: Fünf Schüler werden gewogen. Die Ergebnisse lassen sich in einer Tabelle festhalten.

Hans	Wolfgang	Josef	Monika	Karl
38 kg	32 kg	28 kg	31 kg	30 kg

Den Personen werden Gewichtswerte zugeordnet.

Es lassen sich aber auch Zahlen einander zuordnen.

Aufgabe: Zu den Zahlen kleiner als 10 soll 18 addiert werden. Zu jeder Abbildung (Funktion) lassen sich drei Dinge feststellen: Ausgangsmenge (Definitionsmenge), Zielmenge (Menge der zugeordneten Zahlen, Bildmenge) und Zuordnungsvorschrift.

	1. Beispiel	2. Beispiel
Ausgangsmenge	Menge der Schüler	Menge der Zahlen kleiner 10
Zuordnungsvorschrift	... wiegt ...	+ 18
Zielmenge	Menge von Gewichtwerten	Menge von Zahlen größer 18 und kleiner 29

Die Zuordnungsvorschrift wird bei Zahlenmengen durch eine Zahl mit einem Operationszeichen angegeben. Zahl und Verknüpfungszeichen werden in diesem Zusammenhang Operator genannt. Beim Operatorbild lassen sich daher drei Phasen herausstellen:

Eingabe Operator Ausgabe

□ —(V/Z)→ △

Ausgangszustand Endzustand

(V/Z) V → Verknüpfungszeichen
Z → Zahl

Das Augenmerk kann entweder auf der Suche des Ausgangszustandes oder des Operators oder des Endzustandes liegen. Es zeichnet sich als ein besonders bewegliches Darstellungsmittel aus. Gut läßt sich die Gegenoperation einer Operation darstellen. Für den Unterricht empfiehlt es sich, dieses Modell als eine Rechenmaschine vorzustellen, in die man eine Zahl eingibt, auf die dann ein Rechenbefehl angewandt wird. An der Ausgabe erhält man die durch den Rechenbefehl veränderte Zahl.

Zusammenhang Addition – Subtraktion

18 —(+14)→ □	Ausgabe gesucht; zur Lösung wird von links nach rechts gerechnet.	25 —(-17)→ □
□ —(+14)→ 32 □ ←(-14)— 32	Eingabe gesucht, zur Lösung wird mit dem Umkehroperator von rechts nach links gerechnet.	□ —(-17)→ 8 □ ←(+17)— 8

Durch den Umkehrpfeil wird deutlich, daß Addition und Subtraktion Gegenoperationen sind.

Zusammenhang Multiplikation – Division

Auch hier kann analog wie bei Addition und Subtraktion durch Operator und Umkehroperator der Zusammenhang dargestellt werden. Durch Verkettung von Operator und Umkehroperator läßt sich die Beziehung von Operation und inverser Operation aufzeigen. Die Wirkungsweise eines neutralen Operators wird dadurch sichtbar.

15 —(·5)→ 75 —(:5)→ 15
15 —(·1)→ 15
45 —(:9)→ 5 —(·9)→ 45
45 —(:1)→ 45

Ein Multiplikationsoperator und ein entsprechender Divisionsoperator ergeben als Ausgabe die Zahl der Eingabe. Die verketteten Maschinen bewirken nichts.
Sie lassen sich ersetzen durch eine —(· 1)→ oder —(: 1)→ Maschine (neutraler Operator).

Die mathematischen Fachausdrücke

Die Bezeichnungen für die Operationen, die aus dem Lateinischen abgeleitet sind, werden nach und nach eingeführt. Sie dienen einer präziseren Verständigung. Besonders wichtig werden die Kenntnisse der Fachausdrücke beim Umsetzen eines Terms oder einer Gleichung aus der verbalen in die symbolische Art und umgekehrt.

Addition (addieren)

3 + 8	= 11
Summand plus Summand	ausgerechnete Summe
Summe (nicht ausgerechnete Summe)	Wert der Summe

addieren: addare, hinzufügen; Summand: summus, das höchste. Bei den Römern wurde das Ergebnis über die Zahlen geschrieben; numerus summandus: die dazuzuzählende Zahl. Das Pluszeichen ist entstanden als ein Kürzel von et (t).

Subtraktion (subtrahieren)

11 − 8	= 3
Minuend minus Subtrahend	ausgerechnete Differenz
Differenz (nicht ausgerechnete Differenz)	Wert der Differenz

Minuend: numerus minuendus: die zu vermindernde Zahl; Subtrahend: subtrahere, abziehen; Differenz lat. dis – auseinander; ferre, tragen.

Multiplikation (multiplizieren)

5 · 6	= 30
Faktor mal Faktor	ausgerechnetes Produkt
Produkt (nicht ausgerechnetes Produkt)	Wert des Produktes

Die Unterscheidung zwischen Multiplikator und Multiplikand sollte nur dort vorgenommen werden, wo es keine Schwierigkeiten bereitet.

6	· 5 m	= 30 m
Multiplikator	Multiplikand	

Schon die Sprechweise verrät, daß der erste Faktor der Multiplikator (sechsmal) ist. Beim schriftlichen Rechnen vertauscht man die beiden Faktoren. Die veränderte Stellung der Faktoren hat hier nichts mit dem Kommutativgesetz zu tun, denn es bleibt 5 m Multiplikand und 6 der Multiplikator. multiplizieren: multus, viel; plicare, falten; multiplicare, vervielfältigen. Faktor: facere, machen; faktor, der Macher. Produkt: productum, das Erzeugte.

Division (dividieren)

Die beiden Divisionsarten Verteilen (Teilen) und Aufteilen (Messen) werden nur in den Handlungsvollzügen (Modellen) unterschieden, nicht aber in der Zahlenebene.

30 : 5	=	6
Dividend durch Divisor		ausgerechneter Quotient
Quotient (nicht ausgerechneter Quotient)		Wert des Quotienten

Der Schüler muß wissen, daß die schriftliche Form der Division zwei verschiedene konkrete Handlungsvollzüge repräsentieren kann (Messen, Aufteilen – Teilen, Verteilen).
Dividend: numerus dividendus, die zu teilende Zahl; Divisor: divisor, Teiler; quotiens: Wie oft?

Verbindung der Operationen

Operation und Umkehroperation

Der Zusammenhang zwischen Addition und Subtraktion und zwischen Multiplikation und Division wurde bereits oben geklärt. Diese Erkenntnis ist hilfreich für die Überprüfung von Aufgaben und für die ab dem 7. Schuljahr zu behandelnde systematische Gleichungslehre.

Klammerschreibweise

Verbindet man mehrere Operationen, so erhält man mehrgliedrige Terme. Um verschiedene Ergebnisse bei den ausgerechneten Termen zu verhindern, sind Vorschriften über die Reihenfolge und Abfolge der Operationen notwendig. Am besten können diese Abläufe durch den Rechenplan visualisiert werden. Beispiel: $16 + 4 \cdot 3$

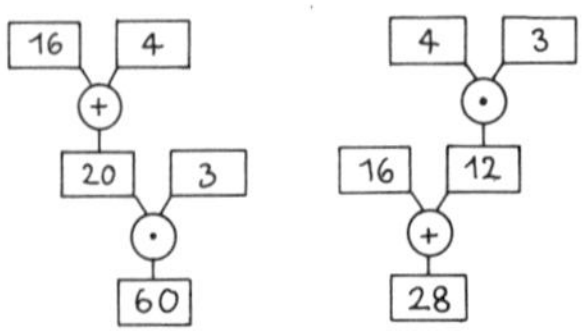

Die Reihenfolge ist mathematisch eindeutig festgelegt. Es werden die Operationen der 2. Stufe vor den Operationen der 1. Stufe ausgeführt: Punktrechnung (· :) vor Strichrechnung (+ −).

Soll eine andere Reihenfolge als die vereinbarte erfolgen, sind Klammern notwendig. Dann gilt: Der Klammerinhalt wird zuerst berechnet. $(16 + 4) \cdot 3$

Das Beispiel ist aus zwei Operationen zusammengesetzt, es ist ein dreigliedriger Term. Der zuletzt ausgerechnete Term gibt jedem mehrgliedrigen Term seinen Namen. So ist $(16 + 4) \cdot 3$ ein Multiplikationsterm und $16 + 4 \cdot 3$ ein Additionsterm.

Beim Umsetzen eines Terms von der verbalen in die symbolische Form wird das Klammersetzen wichtig. Z. B. Multipliziere die Differenz von 83 und 49 mit der Summe von 24 und 39 → $(83-49) \cdot (24+39)$.

Gesetzmäßigkeiten

Die Rechengesetze dienen einerseits dem vorteilhaften Rechnen, andererseits sind die schriftlichen Normalverfahren nur durch Rechengesetze zu begründen und einsichtig zu machen.

Vertauschungsgesetz (Kommutativgesetz) und Verbindungsgesetz (Assoziativgesetz)

Vertauschungs- und Verbindungsgesetz können durch konkrete Handlungsabläufe verdeutlicht werden. Dem Schüler wird dadurch verständlich, daß diese Gesetze keine allgemeine Gültigkeit besitzen. Vertauschbare Handlungen sind: Tee eingießen und Zucker hineingeben; Hausaufgabe anfertigen – mit Freunden spielen. Nicht vertauschbare Handlungen sind: Strümpfe anziehen – Schuhe anziehen; in die Schule gehen – in der Schule schwätzen; Speise zubereiten – Speise essen;

Vorgänge, die verschieden verbunden werden können: Beim Metzger einkaufen, beim Bäcker einkaufen und dann im Milchladen Milch einkaufen; Kaffee und Zucker und dann Milch.
Gegenbeispiel: Würstchen und Senf und dann Eis;

Für die Addition und die Multiplikation natürlicher Zahlen gilt das Vertauschungsgesetz:

Der Wert einer Summe bleibt beim Vertauschen der Summanden gleich. Der Wert eines Produktes ändert sich nicht, wenn die Faktoren vertauscht werden.

$$a + b = b + a \qquad a \cdot b = b \cdot a$$

Durch Vertauschen der Summanden bzw. Faktoren kann der größere Summand bzw. Faktor zuerst genannt werden. Folgende Aufgaben lassen sich durch Vertauschung von den Schülern erfahrungsgemäß leichter berechnen: $8 + 39 = 39 + 8$. Beim schriftlichen Multiplizieren spart man durch Vertauschen Zeilen: $83 \cdot 495 = 495 \cdot 83$;

Für die Addition und die Multiplikation natürlicher Zahlen gilt ferner das Verbindungsgesetz: In einer Summe bzw. in einem Produkt dürfen die Zahlen beliebig zusammengefaßt werden.

$$(a + b) + c = a + (b + c)$$
$$(a \cdot b) \cdot c = a \cdot (b \cdot c)$$

Die verschiedenartige Zusammenfassung der einzelnen Elemente kann auf vielfache Weise im Unterricht dargestellt werden. U. a. gibt es folgende Möglichkeiten:

a	b	c	a + b	b + c	(a + b) + c	a + (b + c)
20	10	5	30	15	30 + 5	20 + 15

a	b	c	a − b	b − c	(a − b) − c	a − (b − c)
20	10	5	10	5	10 − 5	20 − 5

a	b	c	a · b	b · c	(a · b) · c	a · (b · c)
20	10	5	200	50	200 · 5	20 · 50

a	b	c	a : b	b : c	(a : b) : c	a : (b : c)
20	10	5	2	2	2 : 5	20 : 2

Die Ergebnisse in den beiden letzten Spalten zeigen die Gültigkeit bzw. Ungültigkeit des Verbindungsgesetzes.

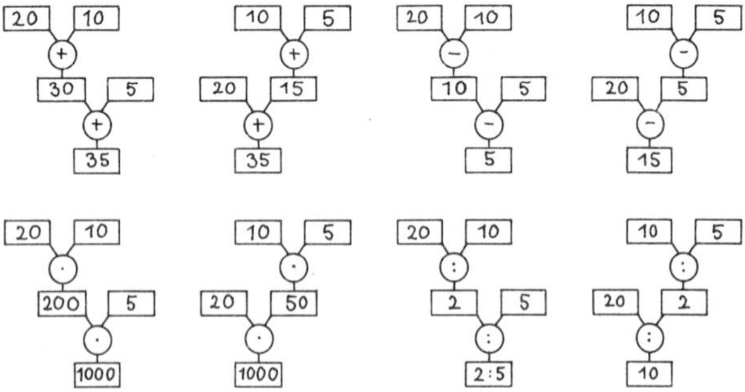

Durch andere Zusammenfassung werden zuerst volle Zehner- bzw. Hunderterzahlen gewonnen.
Z. B. (19 + 36) + 24 = 19 + (36 + 24);
(3 · 4) · 25 = 3 · (4 · 25);

Verteilungsgesetz (Distributivgesetz)

Das Distributivgesetz verbindet die Operationen der ersten mit denen der zweiten Stufe. Es bildet die Grundlage für das schriftliche Multiplizieren und Dividieren. Die verschiedene Abfolge der einzelnen Operationen wird am Rechenplan besonders deutlich.

$$(a + b) \cdot c = a \cdot c + b \cdot c$$
$$(a + b) : c = a : c + b : c$$
$$(a - b) \cdot c = a \cdot c - b \cdot c$$
$$(a - b) : c = a : c - b : c$$

$a = 30; b = 10; c = 5$

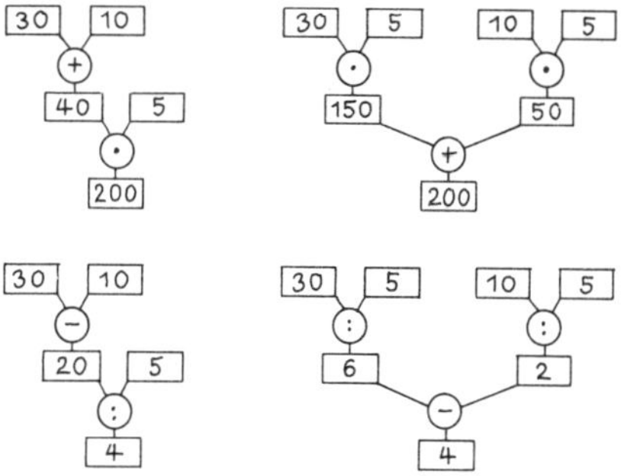

Einsicht in die schriftlichen Rechenverfahren

Die in der Grundschule erworbenen schriftlichen Verfahrensweisen dienen der Erleichterung der Durchführung von Rechenvollzügen. Die Fertigkeiten dieser schriftlichen Rechenverfahren sollen in der Hauptschule gesteigert werden. Durch ein erneut gestuftes Vorgehen werden die eingeübten Techniken so verdeutlicht, daß sie der Schüler schließlich auch begründen kann. Von Bedeutung ist bei den schriftlichen Rechenverfahren das Verständnis für das Stellenwertsystem und die Rechengesetze sowie die Fähigkeit ihrer Anwendung.

Addition

Da schriftliches Rechnen ein Rechnen mit Stellenwerten ist, soll das Addieren zunächst in der Stellentafel ausgeführt werden, dann folgt das Addieren ohne Stellentafel und schließlich das Addieren mit drei Zahlen.

	T	H	Z	E	
					$2E+4E=\underline{6E}$
		3	8	4	$5Z+8Z=13Z=\underline{3Z}+1H$
+		4_1	5	2	$1H+4H+3H=\underline{8H}$
		8	3	6	

295	$8E+5E=13E=\underline{3E}+1Z$
+638	$1Z+3Z+9Z=13Z=\underline{3Z}+1H$
933	$1H+6H+2H=\underline{9H}$

815	$2 \rightarrow 9 \rightarrow 14$	Es werden nur noch die
387	$2 \rightarrow 10 \rightarrow 11$	Zwischenergebnisse genannt.
+112	$2 \rightarrow 5 \rightarrow 13$	
1314		

Subtraktion

Bei der schriftlichen Subtraktion ist nur die Ergänzungsmethode zugelassen. Das Abziehen mit Borgen ist amtlich nicht vorgesehen. Bei der Einführung des Verfahrens ist die Einsicht in die Gültigkeit folgender Gesetzmäßigkeiten wichtig: Der Wert der Differenz verändert sich nicht, wenn zu Minuend und zu Subtrahend die gleiche Zahl addiert oder subtrahiert wird.

$a-b=c; \quad (a \pm n) - (b \pm n) = c;$

	T	H	Z	E	
				10	$(735+10E) - (217+1Z)$
		7	3	5	$7E+8E=15E$
−		2	1_1	7	$1Z+1Z+\underline{1Z}=3Z$
		5	1	8	$2H+\underline{5H}=7H$

		10	10	10	$7+\underline{6}=13$
	6	3	7	3	$9+\underline{8}=17$
−	2_1	6_1	8_1	7	$7+\underline{6}=13$
	3	6	8	6	$3+\underline{3}=\ 6$

Schließlich wird auf die Eintragung beim Minuenden verzichtet.

Subtraktion mit mehreren Subtrahenden. Dabei wird in einem Rechenvorgang addiert und subtrahiert.

1256	6	11 plus $\underline{5}$	16
− 315	8	9 plus $\underline{6}$	15
− 276	3	6 plus $\underline{6}$	12
665			

Multiplikation

Beim schriftlichen Multiplizieren und Dividieren kommt das Verteilungsgesetz zur Anwendung. $213 \cdot 125 = 213 \cdot (100 + 20 + 5) = 213 \cdot 100 + 213 \cdot 20 + 213 \cdot 5$. Am einsichtigsten kann es aus dem halbschriftlichen Rechnen entwickelt werden. Dabei werden die einzelnen Rechenschritte sichtbar.

213 · 125 = □		213 · 125		213 · 125
213 · 100 = 21300		21300		213
213 · 20 = 4260	→	4260	→	426
213 · 5 = 1065		1065		1065
213 · 125 = 26625		26625		26625

Division

Am schwierigsten ist das schriftliche Dividieren, da es ein Probierverfahren ist. Auch hier werden durch das Aufzeigen des halbschriftlichen Rechnens die einzelnen Rechenschritte deutlich.

810 : 6 = □
600 : 6 = 100
210
180 : 6 = 30
30 : 6 = 5
810 : 6 = 135
810 : 6 = (600 + 180 + 30) : 6

T	H	Z	E		H	Z	E	
3	0	7	2	: 12 =	2	5	6	
2	4			30H : 12 ≈ 2H				
	6	7		2H · 12 = 24H				
	6	0		67Z : 12 ≈ 5Z				
		7	2	5Z · 12 = 60Z				
		7	2	72E : 12 = 6E				
			0	6E · 12 = 72E				

3072 : 12 = 256
24
67
60
72
72
0

Dividiert man die Aufgaben 244 : 17 und 328 : 23, so erhält man bei beiden das Ergebnis 14 Rest 6. Das Gleichheitszeichen besagt, daß links und rechts Gleichheiten bestehen; deshalb müßte auch gelten 244 : 17 = 328 : 23. Berechnet man aber auch noch Stellen nach dem Komma, erkennt man, daß diese Gleichheit nicht besteht. Es wird deshalb folgende Restschreibweise verbindlich vorgeschrieben.

244 : 17 = 14 + 6 : 17	328 : 23 = 14 + 6 : 23
17	23
74	98
68	92
6 ↗ (Rest)	6 ↗ (Rest)

Peter Wohlfarth

Gleichungen und Ungleichungen

Überblick

In der Grundschule begegnen die Schüler den ersten Gleichungen und Ungleichungen. Die Frage: »5 und wieviel gibt 9«, notiert: »5 —(+?)→ 9« oder »5 + □ = 9« stellt eine einfache Gleichung über der zur Verfügung stehenden Grundmenge dar. Die Aufforderung: »Nenne mir alle Zahlen, die kleiner sind als 6«, notiert: »? < 6«, stellt eine einfache Ungleichung (über der zur Verfügung stehenden Grundmenge) dar. Vor allem die Gleichungen werden in der 3. und 4. Jahrgangsstufe weiter behandelt und verwendet. Im Vordergrund stehen dabei die Rechenfertigkeit bzw. die Ein-mal-eins-Sätze.

Zum Lösen dieser Gleichungen wird meist der Operator verwendet. Nach meiner Erfahrung stellt er derzeit das günstigste Hilfsmittel in dem zur Verfügung stehenden Zahlbereich und in diesem Alter dar. Der Operator mit seiner Notationsform ist ausgesprochen suggestiv und kommt insgesamt dem operativen Unterrichtsprinzip sehr entgegen.

Leider verdeckt er den Blick auf die Gleichheit der Werte zweier Terme, die später in der 8. Jahrgangsstufe für die äquivalente Umformung von Gleichungen benötigt wird. Aus diesem Grund sollte in den Jahrgangsstufen 5 und 6 in den dann jeweils zur Verfügung stehenden Grundmengen ($\mathbb{N}$ bzw. $\mathbb{Q}_0^+$), in denen der Operator als solcher ohnehin nicht mehr so hilfreich ist, zur Betrachtung des Aufbaus der Gleichungen übergegangen werden. Dies stellt mit Sicherheit ein höheres Niveau der Behandlung dar, erscheint aber dem Alter der Schüler angemessen. Außerdem schafft das sichere Erkennen des Aufbaus einer Gleichung eine Grundvoraussetzung für die in späteren Jahrgangsstufen auftretenden Äquivalenzumformungen.

Theoretischer Hintergrund

Term

Zur einfachen, treffenden Formulierung wurde in der Mathematik der Begriff des Terms eingeführt. (Früher umgangssprachlich »Ausdruck« genannt.) Ihn kann man schrittweise aufbauen:

Term ausschließlich aus Zahlen	$T_1 = 8$	$T_2 = 0$
Term aus Zahlen und Rechenzeichen	$T_3 = 3 + 5$	$T_4 = 2 \cdot 8$
Term mit Klammern	$T_5 = 12 : (8 - 2)$	
Terme mit Variablen	$T_6 = 5 + x$	$T_7 = 4a$
	$T_8 = n : (n - 1)$	

Die Verwendung dieses Begriffes – selbstverständlich ohne die hier angegebene genauere Aufgliederung – wird in der 5. Jahrgangsstufe angestrebt.

Termumformung

Hier ist zu unterscheiden zwischen Termen, die nur Zahlen, Rechenzeichen und Klammern enthalten, und Termen mit Variablen. Die Umformung der ersteren hat ausschließlich das Ziel, den Wert des Termes in möglichst einfacher Form zu notieren, kurz zu berechnen. Diese Art Termumformung ist Inhalt der 5. und 6. Jahrgangsstufe, sowohl im Bereich der natürlichen Zahlen als auch im Bereich der positiven, rationalen Zahlen (Brüche). Dabei ist auf eine mathematisch korrekte Verwendung des Gleichheitszeichens besonderer Wert zu legen. Es darf nur gesetzt werden, wenn durch den nachfolgenden Term der gesamte vorausgehende Term repräsentiert wird.

Die zweite Art, Umformung von Termen mit Variablen (Algebra genannt), hat als Ziel die Veränderung der Schreibform, sei es in Richtung auf möglichst übersichtliche Darstellung oder in Richtung auf ein möglichst vorteilhaftes Weiterrechnen. Beide Ziele spielen in der Orientierungsstufe noch keine Rolle.

Vergleich von Termen

Der Vergleich von zwei Termen mit dem Gleichheitszeichen (=) führt zu einer Gleichung, mit Hilfe der Zeichen »ist größer als« (>) oder des Zeichens »ist kleiner als« (<) zu einer Ungleichung. Dabei ergeben sich je nach Art der verglichenen Terme Unterschiede:

Werden zwei Terme verglichen, die nur Zahlen, Rechenzeichen und Klammern enthalten, so ergeben sich »Aussagen«. Allgemein versteht man unter einer Aussage einen Satz, von dem man grundsätzlich entscheiden kann, ob er richtig (wahr) oder falsch ist. In unserem, eingeschränkten Fall wird dieses »grundsätzliche Entscheiden« durch die Vereinfachung der beiden Terme bis hin zur Berechnung der beiden Termwerte erleichtert. Hier sei ausdrücklich darauf hingewiesen, daß sich durch die Berechnung der Termwerte an der Aussage als solcher nichts ändert.

Beispiele

$T_1 < T_2$	$T_3 = T_4$	$T_5 > T_6$
$7+8<2\cdot 9$	$2\cdot(2+8)=2\cdot 2+8$	$(16-2):2>16-2:2$
1. Schritt: Der Wert beider Terme wird berechnet:		
$15 < 18$	$20 = 12$	$7 > 15$
2. Schritt: Nun kann einfach entschieden werden, ob die Aussage wahr oder falsch ist.		
wahr	falsch	falsch

Werden zwei Terme verglichen, von denen mindestens einer eine Variable enthält, so ergibt sich eine »Aussageform«. Allgemein versteht man unter einer Aussageform einen Satz, der eine Leerstelle enthält und der nach Einsetzen eines geeigneten Dinges in die Leerstelle in eine Aussage übergeht. Dabei wird die Menge der zur Verfügung stehenden, geeigneten Dinge als Grundmenge (G) bezeichnet. Die Elemente der Grundmenge, welche die Aussageform zu einer wahren Aussage machen, bilden die Lösungsmenge (L). In unserem, eingeschränkten Fall handelt es sich bei den Aussageformen meist um Gleichungen, gelegentlich um Ungleichungen. Zur Bestimmung ihrer Lösungen bzw. Lösungsmengen ist es jeweils unerläßlich, eine Grundmenge anzugeben (oder zu vereinbaren).

Das Aufsuchen der Lösungsmenge

Das einfachste Verfahren, die Lösungsmenge zu bestimmen, ist, alle Elemente der Grundmenge nacheinander in die Aussageform einzusetzen. Eine übersichtliche Darstellung liefert die Tabelle.

Beispiele

G = V (5)	x < 20	
x = 5	5 < 20	w
x = 10	10 < 20	w
x = 15	15 < 20	w
x = 20	20 < 20	f
x = 25	25 < 20	f
.	.	.
.	.	.
.	.	.
L = {5; 10; 15}		

G = V (5)	x + 9 = 25	
x = 5	5 + 9 = 25	f
x = 10	10 + 9 = 25	f
x = 15	15 + 9 = 25	f
x = 20	20 + 9 = 25	f
x = 25	25 + 9 = 25	f
.	.	.
.	.	.
.	.	.
L = { }		

Dieses Verfahren wird auch in der 5. und 6. Jahrgangsstufe für Ungleichungen häufig verwendet. Für Gleichungen wirkt es ermüdend und wurde wohl daher bereits in der Grundschule verbessert.

Die Gleichung x + 9 = 25 für G = V(5) wird mit einem Operator notiert: ?—(+9)→25.

Die Umformung mit dem Gegenoperator ?←(−9)—25 liefert das Ergebnis 16. Da 16 kein Element der Grundmenge ist, hat die Gleichung die leere Menge als Lösungsmenge.

Wie schon im Abschnitt 1 erwähnt, ist dieses Verfahren für den Zahlenraum bis 100 (vielleicht bis 1000) zum Einüben der Eins-und-Eins- bzw. Eins-mal-Eins-Sätze sehr gut geeignet. Seine Schwächen:

- Bei Aufgaben der Art 701 —(−x)→ 517 (G = ℕ) hilft das Umdrehen des Pfeiles nichts.
- Ein Übertragen auf Ungleichungen ist nicht möglich.
- Die Grundvorstellung von einer Gleichung als Aussage über den Wert zweier Terme wird nicht geweckt. Der korrekte Gebrauch des Gleich-

heitszeichens wird umgangen. Beides kann nur durch längeres Üben gesichert werden.

Ein Vorstadium für die in höheren Jahrgangsstufen zu behandelnde äquivalente Umformung von Gleichungen stellt das Betrachten des Aufbaus der Gleichung dar.

Beispiel:
Zur Gleichung 701 − x = 517 soll für G = V(3) die Lösungsmenge bestimmt werden.

1. Schritt: Umformen an Hand einer Modellgleichung mit demselben Aufbau:

Gleichung		Modellgleichung
701 − x = 517	⟶	7 − x = 5
		Lösung der Modellgleichung
		↓
		2
		Berechnen der Lösungszahl
x = 701 − 517	⟵	2 = 7 − 5
x = 184		

2. Schritt: Bestimmen der Lösungsmenge:

Die (der ursprünglichen Gleichung äquivalente) Gleichung x = 184 hat als Lösungszahl nur 184. Da 184 ∉ V (3), gilt L = { }.

Die bei der Operator-Methode angeführten Probleme treten hier nicht auf. Alle acht Grundtypen einer Gleichung können gleichwertig behandelt werden. Die Übertragung auf Ungleichungen wäre möglich. Die Grundvorstellung von einer Gleichung wird voll berücksichtigt. Nachteile:

- Das Erkennen des Aufbaus stellt einen Abstraktionsschritt dar, der nicht allen Kindern leichtfällt.
- Das selbständige Suchen einer Modellgleichung mit kleinen Zahlen, die obendrein »aufgeht«, verlangt zusätzliche, kreative Fähigkeiten.
- Eine Gefahr besteht darin, die Modellgleichung zu überladen. Es ist hier nur daran gedacht, denselben Aufbau mit kleinen Zahlen zu rekonstruieren mit der Auflage, daß eine Lösung möglich ist. Zusätzliche Auflagen, wie z. B. für größere Zahlen in der Originalgleichung auch in der Modellgleichung größere Zahlen zu setzen, komplizieren das Modell und machen es in der Bruchrechnung praktisch unwirksam. Auch dieses Modell ist eben wie jedes andere (auch das Operator-Modell) nur begrenzt anwendbar.

Bei den Aussagen haben wir gesehen, daß die Entscheidung darüber, ob die Aussage wahr oder falsch ist, dadurch erleichtert werden kann, daß man die beiden Terme vereinfacht. Ähnlich kann man sich das Aufsuchen der Lösungsmenge einer Aussageform erleichtern. Man vereinfacht zunächst beide Terme so weit als möglich und versucht die dann verbleibende Aussageform (Grundform) in die Form »x = . . .« bzw. »x < . . .« überzuführen. In dieser Endform kann die Lösungsmenge unter Beachtung der Grundmenge abgelesen werden. Ähnlich wie bei den Aussagen sei hier wieder ausdrücklich darauf hingewiesen, daß sich durch die Termvereinfachung und durch die Umstellungen an der ursprünglichen Aussageform, d. h. an ihrer Lösungsmenge nichts ändern darf. (Dies bezeichnet man als äquivalente Umformung.)

Beispiel:

Welche Höhe muß ein Quader mit den Grundkanten 9 cm und 4 cm haben, um mit einem Würfel der Kantenlänge 6 cm inhaltsgleich zu sein?

Gleichung:	$(9 \cdot 4) \cdot x = 6 \cdot 6 \cdot 6$	$G = \mathbb{N}$ (oder Q^+)
Vereinfachung:	$36 \cdot x = 216$	
Umformung:	$x = 216 : 36$	
Einfachste Gleichung:	$x = 6$	
Lösungsmenge:	$L = \{6\}$	

Antwort: Der Quader muß 6 cm hoch sein.

Methodisch-didaktische Überlegungen zur 5. Jahrgangsstufe

Ungleichungen

Die Ungleichungen lassen sich zu Beginn dieser Jahrgangsstufe recht gut zur Auffrischung und Festigung der Rechenfertigkeit verwenden.

Beispiele:

1. Fragestellung: Welche Vielfachen von 7 sind kleiner als 25?
   Formale Wiedergabe: $x < 25$ für $G = V(7)$
   Lösung (durch Probieren): $L = \{7; 14; 21\}$
2. Fragestellung: Welche Teiler von 48 sind größer als 16?
   Formale Wiedergabe: $x > 16$ für $G = T(48)$
   Lösung: $L = \{24; 48\}$

*3. Fragestellung: Welche Teiler von 48 liegen zwischen 16 und 24?
   Formale Wiedergabe: $16 < x < 24$ für $G = T(48)$
   Lösung: $L = \{\ \}$

Dadurch werden Multiplizieren, Dividieren und natürlich auch Addieren, Subtrahieren in einem beweglichen Rahmen und auf höherem Niveau als in der Grundschule wiederholt.

(* bedeutet: Problemstellung für ein gehobenes Niveau)

Das Vorstellungsvermögen für Zahlen kann durch Ungleichungen gefördert werden.

Beispiele:

1. Welche Zahlen kann man von 20 abziehen, so daß mehr als 17 übrigbleibt?

   Formal: $20 - x > 17$ für $G = \mathbb{N}_0$

   Lösung: $L = \{0; 1; 2\}$

2. Welche Stufenzahlen des Zehnersystems liegen zwischen 1 und 1000, welche zwischen 1000 und 2000?

   Formal: $1 < x < 1000$

   für $G = \{1; 10; 100; \ldots\}$

   $1000 < x < 2000$

   Lösung: $L_1 = \{10; 100\}$ $L_2 = \{\ \}$

Außerdem lassen sich die Tatsachen, daß die Lösungsmenge derselben Ungleichung von der Grundmenge abhängt und daß die Lösungsmenge Teilmenge der Grundmenge ist, bestätigen.

Beispiel:

Bestimme die Lösungsmengen der Ungleichung:

$17 + x < 25$ für $G_1 = \mathbb{N}$ und für $G_2 = V(4)$

Lösung: $L_1 = \{1; 2; 3; \ldots 7\}$ aber $L_2 = \{4\}$

wobei gilt: $L_1 \subset G_1$ und $L_2 \subset G_2$

Gleichungen

Gleichungen können bei manchen Sachaufgaben eine vorteilhafte Lösungsstrategie darstellen. Sie erlauben es, einen Sachverhalt aus der sachlogischen Reihenfolge unmittelbar in die mathematische Sprache zu übertragen. Erst anschließend muß der formale Rechenapparat zur Auffindung der Lösung in Bewegung gesetzt werden. Es kann also eine Trennung der Probleme »in Mathematik übersetzen« und »Berechnen« erfolgen.

Als Einstieg bieten sich »Zahlenrätsel« an, wie sie sie oben in Beispielen bereits gebracht wurden.

Beispiel:

Fragestellung: Karl denkt sich eine ungerade Zahl. Wenn er 720 durch sie dividiert, erhält er 36.

Formal: $720 : x = 36$ für $G = \{1; 3; 5; 7; \ldots\}$

$x = 720 : 36$

$x = 20$

Lösung: $L = \{\ \}$ da $20 \notin G$

Antwort: Karl hat sich verrechnet!

Die Sicherung der Übertragungstechnik wird durch Beispiele in jeder der vier Grundrechenarten und die Sicherung der Lösungstechnik auch durch Beispiele im rein formalen Bereich erfolgen müssen. Dabei dürfen diese Beispiele nicht gehäuft, sondern über das Jahr entsprechend dem behandelten Stoff verteilt, dargeboten werden.

Als Sachverhalte bieten sich die Begriffsgeflechte Einkauf-Verkauf, Geschwindigkeit und die Umkehrung der Flächenformel an. Selbstverständlich darf dabei die Verwendung der Gleichung niemals am Anfang stehen. Sie kann erst nach einer ausführlichen, konkret-anschaulichen Erarbeitung des Begriffsgeflechtes gleichsam als Zusammenfassung am Ende zur Lösung von Aufgaben verwendet werden. (Dabei empfiehlt es sich, ohne Einheiten zu arbeiten!)

Beispiele:

1. Eine Ware kostet im Einkauf 200,– DM. An allgemeinen Geschäftskosten entstehen 75,– DM. Mit welchem Gewinn wurde diese Ware verkauft, wenn der Verkaufspreis 380,– DM betrug?

   Formal: $(200+75)+x=380$ für $G=\mathbb{N}$

   $275 \quad +x=380$

   $x=380-275$

   $x=105$

   Lösung: $L=\{105\}$

   Antwort: Der Gewinn betrug 105,– DM.

2. Mit welcher durchschnittlichen Geschwindigkeit muß jemand fahren, wenn er in 4 Stunden ein 340 km entferntes Ziel erreichen will?

   Formal: $x \cdot 4 = 340$ für $G=\mathbb{N}$

   $x = 340 : 4$

   $x = 85$

   Lösung: $L=\{85\}$

   Antwort: Er muß durchschnittlich mit 85 km/h fahren.

*3. Ein rechteckiges Grundstück, das 84 m lang und 45 m breit ist, soll im Zuge der Flurbereinigung in ein gleich großes Grundstück umgetauscht werden, das 63 m lang ist. Wie breit muß es werden?

   Formal: $84 \cdot 45 = 63 \cdot x$ für $G=\mathbb{N}$

   $3780 = 63 \cdot x$

   $x = 3780 : 63$

   $x = 60$

   Lösung: $L=\{60\}$

   Antwort: Das Grundstück muß 60 m breit werden.

Methodisch-didaktische Überlegungen zur 6. Jahrgangsstufe

Ungleichungen

Ähnlich wie in der 5. Jahrgangsstufe können Ungleichungen zur Auffrischung und Festigung der Rechenfertigkeit im Zahlenraum etwa bis 200 verwendet werden. Sie stellen einen Aufgabentyp dar, der es z. B. erlaubt, in einer Aufgabe mehrere Ein-mal-Eins-Sätze abzufragen, und der den Schülern Spaß macht. Der Einsatz wird allerdings vorwiegend mündlich erfolgen.

Das Vorstellungsvermögen für die Ordnung von Bruchzahlen in der Bruchstrichschreibweise (allgemeine Brüche) kann durch Ungleichungen vertieft werden (nachdem es vorher anschaulich erarbeitet wurde).

Beispiel:

1. Welche Brüche mit dem Nenner 5 sind kleiner als $\frac{1}{2}$?
   Formal: $x < \frac{1}{2}$ für $G = \{\frac{1}{5}; \frac{2}{5}; \frac{3}{5}; \ldots\}$
   Lösung: $L = \{\frac{1}{5}; \frac{2}{5}\}$
2. Welche Brüche mit dem Nenner 10 liegen zwischen $\frac{1}{2}$ und 1?
   Formal: $\frac{1}{2} < x < 1$ für $G = \{\frac{1}{10}; \frac{2}{10}; \frac{3}{10}; \ldots\}$
   Lösung: $L = \{\frac{6}{10}; \frac{7}{10}; \frac{8}{10}; \frac{9}{10}\}$

Das Vorstellungsvermögen für die Ordnung von Bruchzahlen in dezimaler Schreibweise (Dezimalbrüche) kann ebenfalls durch Ungleichungen vertieft werden.

Beispiele:

1. Gib mindestens 3 Dezimalbrüche an, die zwischen 2,4 und 2,6 liegen!
   Formal: $2{,}4 < x < 2{,}6$ für $G = Q^+$
   Denkbare Lösungen: 2,5; 2,41; 2,59
2. Welche Stufenzahlen des Zehnersystems liegen zwischen 1 und $\frac{1}{2}$, welche zwischen $\frac{1}{2}$ und 0?
   Formal: $\frac{1}{2} < x < 1$
   $0 < x < \frac{1}{2}$ für $G = \{\ldots 100; 10; 1; 0{,}1; 0{,}01; \ldots\}$
   Lösung: $L_1 = \{\}$ $L_2 = \{0{,}1; 0{,}01; 0{,}001; \ldots\}$

Gleichungen

Ähnlich wie in der 5. Jahrgangsstufe lassen sich auch in der 6. Jahrgangsstufe Gleichungen bei manchen Sachaufgaben vorteilhaft verwenden. Dabei sind die möglichen Begriffsgeflechte zunächst dieselben wie in der 5. Jahrgangsstufe. Die Erschwernis liegt im Umgang mit allgemeinen Brüchen bzw. mit Dezimalbrüchen. Zur Vorbereitung sollten wieder Zahlenrätsel und auch rein formale Übungen herangezogen werden, die an möglichst vielen Stellen im Jahr einzusetzen sind.

Nach der Einführung in die Volumenberechnung des Quaders bietet sich der Einsatz von Gleichungen bei den Umkehraufgaben an.

Beispiel:

Wie hoch muß ein quaderförmiger Blechtank mit den Grundkanten 64 cm und 45 cm werden, damit er 180 l fassen kann?

Formal: $(6{,}4 \cdot 4{,}5) \cdot x = 180$ für $G = Q^+$

$28{,}8 \cdot x = 180$

$x = 180 : 28{,}8$

Lösung: $L = \{6{,}25\}$

Antwort: Der Behälter muß 62,5 cm hoch werden.

Literatur

Meschkowski H.: Mathematik Duden für Lehrer. Bibliographisches Institut Mannheim-Zürich 1969, S. 345ff.

Fettweis E. und Schlechtweg H.: Strukturen der Mathematik im Rechenunterricht. Schöningh Paderborn 1972, S. 644ff.

Curriculum Mathematik. Entwickelt an der Kooperativen Gesamtschule Marktoberdorf. Die Veröffentlichung wird vom Bayer. Staatsministerium für Unterricht und Kultus im Bayer. Schulbuchverlag München vorgenommen werden.

Dorothee Krippner

Zahlenmengen

Möglichkeiten einer sinnvollen Integration der in der Grundschule geleisteten Mengenarbeit im Mathematikunterricht der 5./6. Jahrgangsstufe

Mengenarbeit in der Grundschule

Der Mengenbegriff und das Arbeiten mit Mengen gehören heute zum festen Bestandteil von Lehrplänen für den Mathematikunterricht in der Grundschule.

»*Betrachtungsweisen, wie sie sich aus dem Umgang mit Mengen ergeben, erweisen sich beim Aufbau von Zahlen, Operationen und später z. B. im Sachrechnen als geeignete Mittel; sie sind jedoch nicht als Selbstzweck zu lehren.*« (Lehrplan von 1974, Bayern)

Es geht also weniger um neue Lerninhalte als um einen neuen methodischen Zugang zu traditionellen Stoffen. Das Arbeiten mit Mengen zeigt neue Aspekte auf, bietet anschauliche Zugangsweisen und damit eine Variation der Lösungswege, der Darstellungsformen und Aufgabenformulierungen. Zielvorstellung dieser methodischen Variation ist die Förderung beweglichen Denkens.

Nach vier Grundschuljahren können wir davon ausgehen, daß die Schüler – vor allem über den Umgang mit strukturierten Materialien – genügend Erfahrungen zu den Begriffen Menge, Teilmenge, Schnittmenge usw. gesammelt haben. Sie sind vertraut mit Darstellungsmitteln wie: Mengenbild, Pfeilbild, Tabelle, Rechenplan und kennen einige Schreibfiguren ($\{\}$, $\cup$, $\cap$, $\setminus$, $\rightarrow$).Was diese Symbole angeht, so können sie laut Lehrplan auch erst später eingeführt werden.

Mengenarbeit im Arithmetikunterricht der 5./6. Jahrgangsstufe

Beispiel 1: Menge der natürlichen Zahlen

Vorwissen

Als Vorwissen bringt der Schüler ein:
das Vertrautsein mit der natürlichen Zahl und das Verständnis dieses Begriffs. Das heißt, das Zahlen-»material« wird naiv vorausgesetzt.

Eine wiederholte Einführung und Definition des Zahlbegriffs über Mengen erweist sich – wie Untersuchungen in Versuchsschulen gezeigt haben – weder als notwendig noch motivierend.

Entsprechend dem Modell des Spirallehrgangs erfolgt in der 5. Jahrgangsstufe die Einordnung und eigentliche begriffliche Fassung mit der Vereinbarung.

> Die Zahlen 1, 2, 3, 4 . . . nennen wir natürliche Zahlen. Wir können sie zu einer Menge zusammenfassen,
> zur Menge $\mathbb{N}$ der natürlichen Zahlen.
> $\mathbb{N} = \{1, 2, 3, 4 \ldots\}$

Das Ziel besteht nun darin, diese Menge $\mathbb{N}$ näher zu untersuchen:

- Nachfolger, Vorgänger, Anfang;
- die Tatsache, daß jede natürliche Zahl einen (unmittelbaren) Nachfolger, die Folge der natürlichen Zahlen also kein Ende hat (letzterem tragen die Punkte in der Mengenklammer Rechnung);
- der Begriff des Unendlichen wird im Unterrichtsgespräch erstmals thematisiert.

Zahlenstrahl – Punktmenge

Nach den Begriffen, die das Zählen fundieren, läßt sich die Kleiner-Relation zwanglos anschließen. Wichtigstes Anschauungsmodell ist der Zahlenstrahl.

Der Menge der natürlichen Zahlen wird auf dem Zahlenstrahl eine Punktmenge zugeordnet. Die Entfernung des Punktes »1« vom Anfangspunkt A heißt Einheit.

Zählmaschine als methodisches Hilfsmittel

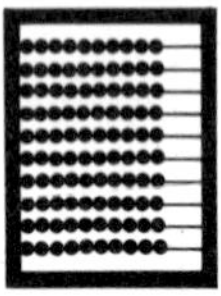

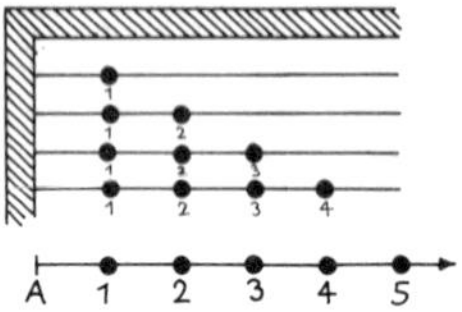

Bekannte Zahleigenschaften können hier nochmals vertieft und neue erschlossen werden.

Zahlenlisten – Zahlentabellen

Vielfältige Möglichkeiten, Zahlenmengen zu untersuchen, bieten Zahlenlisten oder Zahlentabellen:

Nr. 1 Wie heißen die fehlenden Glieder?
Wie heißt die Regel, nach der die Folge gebildet wird?

4	7	10	□	□	□	22
5	8	□	17	23	□	38

Nr. 2

1	2	4	7	11
3	5	8	12	□
6	9	13	□	□
10	14	□	□	□
15	□	□	□	□

Nach welcher Regel werden die einzelnen Zeilen (Spalten) gebildet?
Gibt es noch mehr Zahlenfolgen zu entdecken?
(Man kann zeigen, daß keine Zahl zweimal vorkommt, auch wenn man das Zahlenschema beliebig lange fortsetzt.)

Nr. 3										
	1	2	3	4	5	6	7	8	9	10
	11	12	13	14	15	16	17	18	19	20
	21	22	23	24	25	26	27	28	29	30
	31	32	33	34	35	36	37	38	39	40
	41	42	43	44	45	46	47	48	49	50
	51	52	53	54	55	56	57	58	59	60
	61	62	63	64	65	66	67	68	69	70
	71	72	73	74	75	76	77	78	79	80
	81	82	83	84	85	86	87	88	89	90
	91	92	93	94	95	96	97	98	99	100

Aussonderungsprozesse:
Wo stehen die geraden Zahlen, die ungeraden Zahlen, die Fünferzahlen, die Zehnerzahlen . . .?
Färbt! Gibt es Muster?
Wo stehen Zahlen mit 3 Einern, mit 5 Zehnern?
Welche Zahlen stehen in der vorletzten Reihe, in der siebten Spalte?
Welche und wie viele Zahlen haben so viele Zehner wie Einer? Wo stehen sie? Welche Zahlen haben 3 Zehner oder 3 Einer oder beides?
Welche 8 Zahlen stehen rings um 65? Wer kann das auswendig sagen?
Sortiert die Zahlen nach der Einerzahl, nach der Zehnerzahl! Sortiert nach der Quersumme! Was fällt auf? (Muster)

Aktivitätsfeld ist eine Menge, die vielfältig strukturiert werden kann. Die Schüler werden angeregt, selbst zu entdecken, zu begründen, zu sortieren, anzuordnen, zu verallgemeinern und auf interessante Weise zu rechnen.

Endliche und unendliche Teilmengen

Häufig haben wir es mit Teilmengen von $\mathbb{N}$ zu tun. Solche Teilmengen können endliche oder unendliche Mengen sein. Sie werden in einem nächsten Lernschritt begrifflich gefaßt und auf weitere Beziehungen hin untersucht.

$T_{19} = \{1, 2, 3, 6, 9, 18\}$ Die Zahlenmenge ist eine endliche Teilmenge von $\mathbb{N}$.

Wichtige unendliche Teilmengen von $\mathbb{N}$ sind:

die Menge der ungeraden Zahlen	{1, 3, 5, 7 . . . .}
die Menge der geraden Zahlen	{2, 4, 6, 8 . . . .}
die Menge der Vielfachen von 5	{5, 10, 15, 20 . . . .}
die Menge der Vielfachen von 10	{10, 20, 30, 40 . . . .}
die Menge der Stufenzahlen	{1, 10, 100, 1000 . . . .}

Beziehungen zwischen Mengen

Möglichkeiten, Beziehungen zwischen Mengen mit Hilfe von Mengenbildern zu veranschaulichen:

Teilmengen:

$M_1 = \{0, 1, 2, 3, 4, 5, 6, 7, 8, 9, 10, 11, 12, \ldots\}$

$M_2 = \{0, 2, 4, 6, 8, 10, 12, \ldots\}$

$M_3 = \{0, 4, 8, 12, \ldots\}$

Veranschaulichung durch Diagramme

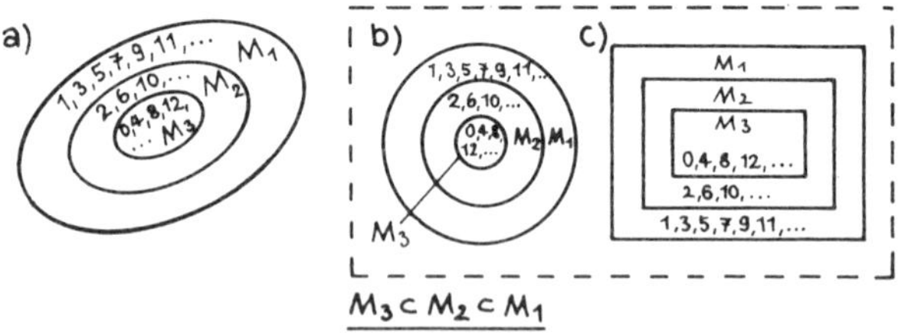

Aussage und Aussageform

Die Kenntnis verschiedener Zahlenmengen ist die Basis für eine nähere Beschäftigung mit Aussagen und Aussageformen. Hierbei greifen wir zurück auf die schon in der Grundschule verwendeten Begriffe »Platzhalter« und »Lösungsmenge«.

Zur Einführung eignen sich Aussageformen folgender Art:

$\square < 7$	Lösungsmenge: $\{1, 2, 3, 4, 5, 6\}$
$18 < \square < 24$	Lösungsmenge: $\{19, 20, 21, 22, 23\}$
$\square < 63$	in der Menge der Vielfachen von 9: Lösungsmenge: $\{9, 18, 27, 36, 45, 54\}$
$429 < \square < 633$	in der Menge der natürlichen Zahlen, die als Zehnerziffer eine 3 oder als Einerziffer eine 0 haben: Lösungsmenge: $\{440, 540\}$

Ungleichungen von der Form $25 < \square$ fordern die Zulassung von Mengen mit unbegrenzt vielen Elementen:

$25 < \square$	Lösungsmenge: $\{26, 27, 28 \ldots\}$
$\square > 160$	in der Menge der Vielfachen von 25: Lösungsmenge: $\{175, 200, 225, 250 \ldots\}$

Durch Variation der Grundmenge kann die Abhängigkeit der Lösungsmenge von der Grundmenge erarbeitet werden:

$\square < 144$	in der Menge der natürlichen Zahlen, die als Zehnerziffer eine 3 **oder** als Einerziffer eine 5 haben: Lösungsmenge: $\{5, 15, 25, 30, 31, \ldots 39, 45, 55, 65, 75, 85, 95, \ldots 135\}$

□ < 144 in der Menge der natürlichen Zahlen, die als Zehnerziffer eine 3 **und** als Einerziffer eine 5 haben:
Lösungsmenge: {35, 135}

Ablesen am Zahlenstrahl: (Zahl und Form, 5, Auer)

Grundmenge	Aussageform: □ ist Primzahl	Lösungsmenge
$\mathbb{N}$	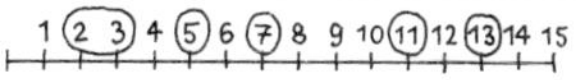	{2, 3, 5, 7, 11, 13, ...}
V_3		{3}
T_{12}		{2, 3}
V_4	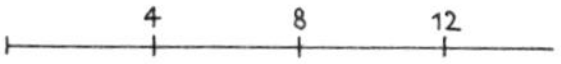	{ }

Beispiel 2: Die vier Grundrechenarten

Mengenmodell
Für die Behandlung der vier Grundrechenarten stellt das Mengenmodell einen möglichen methodischen Zugang unter anderen dar. Im Sinne des Prinzips der Variation der Veranschaulichung (Dienes) ist es psychologisch begründet und nützlich, die Grundrechenarten unter anderem auch mit Mengen zu interpretieren.

Die *Addition* zweier Zahlen wird zurückgeführt auf die Vereinigung elementfremder Mengen:

Aufgaben von der Form

bei denen die fehlenden Mengen passend eingesetzt werden sollen, führen zur Umkehrung der Addition, der Subtraktion.

Hält man den nächsten Schritt, nämlich die Formulierung der gestellten Aufgabe in Form

für zweckmäßig, so bringt die Einführung der Differenzmenge eine weitere Schwierigkeit mit sich, deren Diskussion wertvoll ist.

Soll die Subtraktion mit der Bildung der Differenzmenge in Verbindung gebracht werden, so ist zu fordern, daß die Subtrahenden-Menge eine Teilmenge der Minuenden-Menge sein muß.

Die *Multiplikation* kann als mehrfache Addition gleicher Summanden aufgefaßt werden. Sie auf dem Weg über das kartesische Produkt zu erklären erscheint sehr aufwendig.

Interessant ist die Interpretation der *Division* über Mengen. Die beiden Aspekte – das Aufteilen und das Verteilen – lassen sich klar herausstellen.

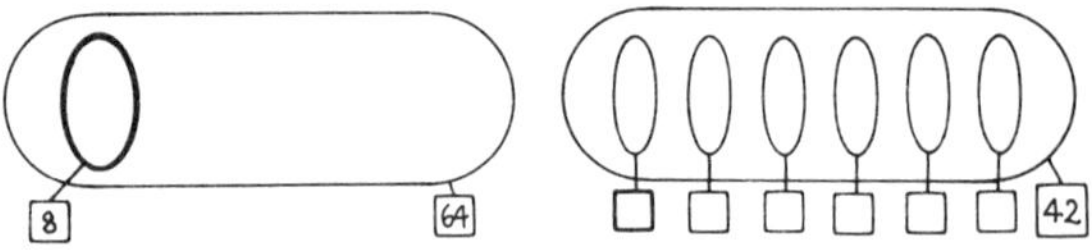

Einmal geht es darum, eine vorgegebene Menge in gleichmächtige Teilmengen vorgegebener Elementezahl zu zerlegen. Im anderen Fall wird eine vorgegebene Menge in eine vorgegebene Anzahl von gleichmächtigen Teilmengen unbekannter Elementezahl zerlegt. Im ersten Fall fragt man nach der Anzahl der Teilmengen, im zweiten Fall nach der Anzahl der Elemente in einer solchen Teilmenge.

Hier ließen sich nahtlos kombinatorische Fragestellungen anschließen.

Ergänzende Übungen
z. B. Addieren in ℕ und Teilmengen von ℕ:

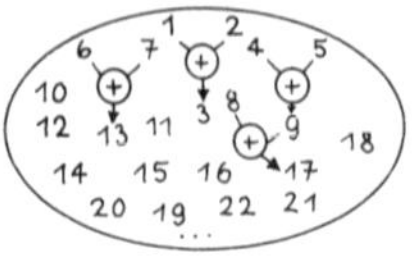

Die Summe eines Paares natürlicher Zahlen ist wieder eine natürliche Zahl.

Pfeilbild	Summenschreibweise
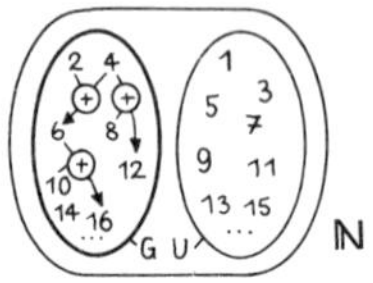	2 + 4 = 6 4 + 8 = 12 6 + 10 = 16

Die Summe eines Paares gerader Zahlen ist wieder eine gerade Zahl.

Rechengesetze
Die Analogie der Rechengesetze auf Zahlen- und Mengenebene läßt sich unter dem Verknüpfungsbegriff herausarbeiten und bewußtmachen. Die

Schüler lernen die Menge der natürlichen Zahlen als ein Gebilde auffassen, in dem es eine lineare (natürliche) Ordnung und zwei Verknüpfungen – Addition und Multiplikation – gibt, die beide kommutativ und assoziativ sind, und in dem die Multiplikation distributiv bezüglich der Addition ist.

Mit Hilfe von Rechentafeln und Rechenplänen lassen sich die Eigenschaften der Rechenoperationen aufzeigen.

Beispiel: Illustration des Vertauschungsgesetzes

+	2	4	6	8
4	6		10	
6				
8		12		

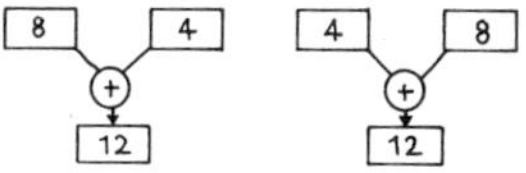

$8 + 4 = 4 + 8$

Darstellung mit Mengen:

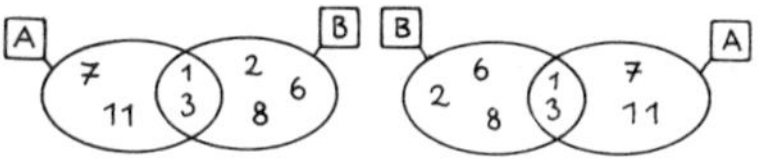

$A \cup B = B \cup A$

Aufgaben

Wie bei der Einführung von Zahlenmengen lassen sich jetzt viele interessante Aufgaben in entsprechender Weise stellen:

	Grundmenge: $\mathbb{N}$
17 + □ < 23	Lösungsmenge: {1, 2, 3, 4, 5}
8 – □ < 3	Lösungsmenge: {6, 7}
□ – 25 > 40	Lösungsmenge: {66, 67, 68 ...}
□ + 9 > 5	Lösungsmenge: {1, 2, 3 ...}
20 + □ < 60	in der Menge der Vielfachen von 11: Lösungsmenge: {11, 22, 33}
□ – 13 < 120	in der Menge der Zahlen, die als Einerziffer eine 7 und als Zehnerziffer eine 1 haben: Lösungsmenge: {17, 117}
200 – □ < 60	in der Menge der Zahlen, die als Zehnerziffer eine 8 oder als Einerziffer eine 0 haben: Lösungsmenge: {150, 160, 170, 180, 181, 182, 183 ... 190}

Bereits in der 5. Jahrgangsstufe kann das Verständnis des Funktionsbegriffes durch entsprechende Aufgaben vorbereitet werden, z. B:

□ + △ = 10 Lösung:

□	1	2	3	...	9
△	9	8	7	...	1

$\square - 5 = \triangle$ Lösung:

$\square$	6	7	8	...
$\triangle$	1	2	3	...

Gleichungen – Ungleichungen von der Form

Grundmenge: $\mathbb{N}$

$\square + \square + \square + \square < 30$ Lösungsmenge: {1, 2, 3, 4, 5, 6, 7}

$\square + \square + \square + \square = 12$ Lösungsmenge: {3}

führen zur Multiplikation natürlicher Zahlen, wenn das gleiche Element in jeder Variablen eingesetzt wird. Die Multiplikation sollte – wie bereits erwähnt – nicht über das kartesische Produkt begründet werden.

Beispiel 3: Untersuchung von Teilbarkeitsfragen mit Teiler- und Vielfachenmengen

Teilbarkeit

Die Diskussion von Teilbarkeitsfragen fördert die Einsicht in Zahleigenschaften und Zusammenhänge. Sie stellt ferner Hilfsmittel bereit, die zur Behandlung der Bruchrechnung erforderlich sind.

Dabei erweist sich die Verbindung mit der Mengenbetrachtungsweise als lohnend. So können z. B. die Begriffe »ggT« (größter gemeinsamer Teiler) und »kgV« (kleinstes gemeinsames Vielfaches), die beim Kürzen bzw. bei der Addition von Brüchen benötigt werden, mit den Mitteln der Mengendarstellung elegant und für die Schüler einsichtigt erarbeitet und voneinander abgehoben werden.

Ein Teil der bekannten Teilbarkeitsregeln ergibt sich als Nebenergebnis dieser Untersuchungen und prägt sich gerade den visuell veranlagten Schülern leicht ein.

Durch die Mengenarbeit werden Zusammenhänge aufgezeigt, wie wir sie auch in der Geometrie wiederfinden:

So zeigt z. B. die Darstellung gewisser Vielfachenmengen im Mengenbild (Venn-Diagramm) die gleiche Struktur wie die Darstellung der Menge aller Vierecke.

Zweckmäßig ist folgendes unterrichtliches Vorgehen:

Behandlung der Teilermengen am Ende der 5. Jahrgangsstufe (Die Behandlung von Teilermengen ist einfacher als die Behandlung von Vielfachenmengen, da es sich um endliche Mengen handelt).

Einführung der Vielfachenmengen in der Bruchrechnung und zwar bei der Addition ungleichnamiger Brüche, wo sofort eine Anwendungsmöglichkeit besteht.

Der Zeitaufwand ist gerechtfertigt, wenn wir an die allgemeinen Lernziele eines modernen Mathematikunterrichts denken.

Teilermengen

Teiler von 8 Teiler von 12

Wir stellen fest, daß einige Zahlen sowohl der einen als auch der anderen Menge angehören. Das heißt, sie sind gemeinsame Teiler von 8 und 12.

Das bedeutet, daß die beiden Mengen eine gemeinsame Teilmenge haben. Wir können dies durch folgende Darstellung sichtbar machen:

Teiler von 8 Teiler von 12

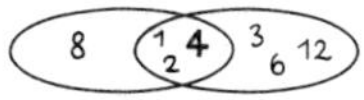

Die Teilmenge, die aus den Zahlen 1, 2, 4 gebildet ist, stellt den Durchschnitt der beiden Mengen dar.

Der größte gemeinsame Teiler (ggT) läßt sich direkt ablesen. Im Lehrplan ist eine eigene Thematisierung dieses Begriffs für Hauptschüler nicht vorgesehen.

Variation der Darstellung: Zahlenstrahl

Um bei der Diskussion der gemeinsamen Eigenschaften der Zahlen die Sprechweise zu erleichtern, werden die einzelnen Mengen wie folgt bezeichnet:

$M_1 = \{\text{Teiler von } 12\} = \{1, 2, 3, 4, 6, 12\}$

$M_2 = \{\text{Teiler von } 18\} = \{1, 2, 3, 6, 9, 18\}$

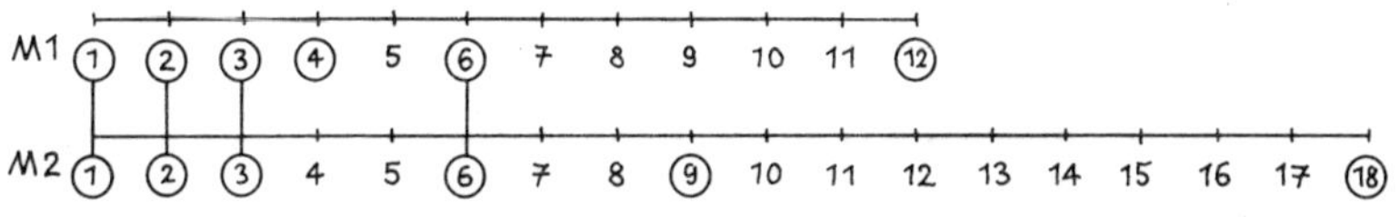

Die Schnittmenge kann man sehr leicht ablesen.

Wir verbinden die Elemente, die sowohl in M_1 als auch in M_2 liegen, mit Rotstift.

$M_1 \cap M_2 = \{1, 2, 3, 6\}$

Vielfachenmengen

Den Schülern wird die Aufgabe gestellt, die Menge aller Vielfachen von 8 und 12 zu bilden.

Im Unterrichtsgespräch wird erörtert, daß diese Mengen (V_8 und V_{12}) unbegrenzt viele Elemente enthalten, die natürlich niemals alle einzeln genannt werden können. Also muß zusätzlich verabredet werden, wie viele Elemente die Schüler in ihren Diagrammen im Heft eintragen sollen. Einigt man sich darauf, daß bei jeder Aufgabe für jede zu diskutierende Menge die 5 kleinsten Elemente angegeben werden sollen, so sehen die Mengenbilder wie folgt aus:

Vielfache von 8 (V_8) — Vielfache von 12 (V_{12})

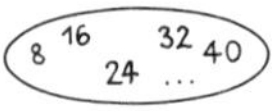

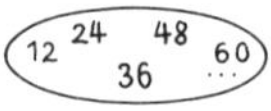

Wir stellen fest, daß einige Zahlen sowohl in der einen als auch in der anderen Menge vorkommen. Sie sind die gemeinsamen Vielfachen von 8 und 12.

Den Durchschnitt können wir im folgenden Diagramm sichtbar machen:

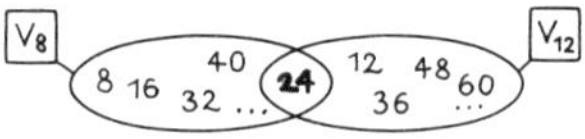

Das kleinste gemeinsame Vielfache (kgV) kann hier ohne eigene Thematisierung abgelesen werden.

Variation der Darstellung: Zahlenfeld

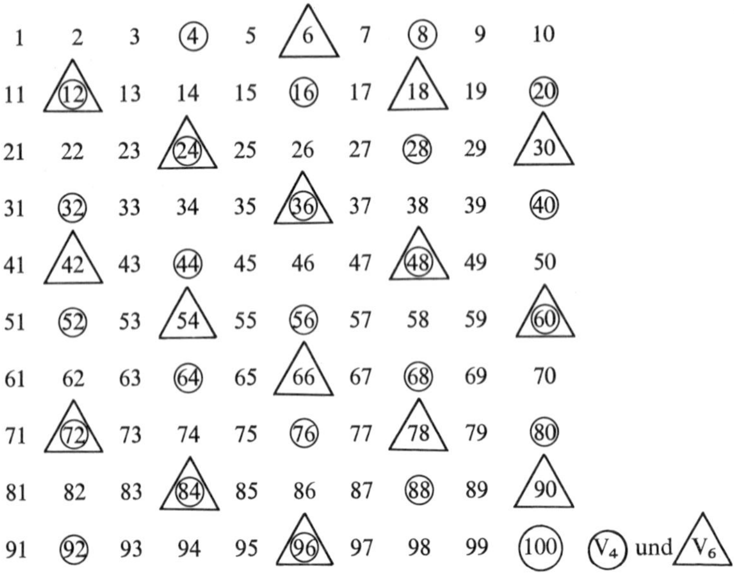

Ein geeignetes Hilfsmittel, um die Muster der gemeinsamen Vielfachen von Zahlen zu untersuchen, ist das Übereinanderlegen von durchsichtigem Papier. Das Muster von V_3 kann man z. B. auf ein Blatt Papier zeichnen, dann zeichnet man etwa V_5 auf ein anderes Blatt in einer anderen Farbe. Legt man die beiden Blätter aufeinander, so kann man den Durchschnitt beider Zahlenmengen daran erkennen, daß dort beide Farben zusammenfallen.

Diese Methode kann auf die gemeinsamen Vielfachen von drei oder mehr Zahlen ausgedehnt werden.

Kombinierte Aufgabenstellungen:

1. Grundmenge: {1, 2, 3, . . ., 24}. Welche Teilmengen erkennst du? Gib sie in beschreibender Form an.

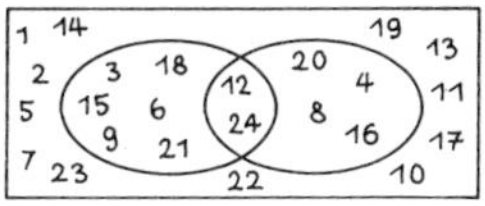

	Vielfache von 3	Nicht-Vielfache von 3
Vielfache von 4	12 24	4 16 8 20
Nicht-Vielfache von 4	3 15 9 21 6 18	2 1 17 14 7 23 10 5 22 11 19 13

2. Umfahre im Mengenbild und im Kastendiagramm, dann schreibe in aufzählender Form.

{Vielfache von 3} {Vielfache von 3 *und* von 4} {Nicht-Vielfache von 3}
{Vielfache von 4} {Vielfache von 3 *oder* von 4} {Nicht-Vielfache von 4}

3. Grundmenge: {1, 2, 3, . . ., 24}. Lies am Baumdiagramm die Teilmengen A, B, C, D ab, dann umfahre sie am Mengenbild.

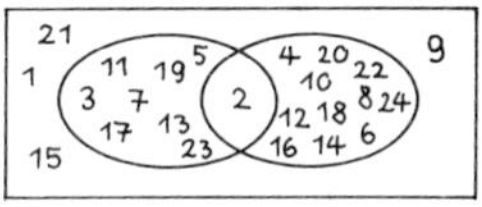

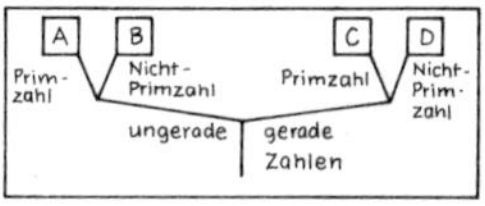

Beispiel 4: Zahlbereichserweiterung um die Menge der Bruchzahlen

Erarbeitung des Bruchzahlbegriffs:
Der Prozeß der Abstraktion wird durch das Heranziehen verschiedener Modelle gefördert (Dienes). Diesem Prinzip entsprechend betrachten wir die Bruchzahlen unter verschiedenen Aspekten: als Maßzahlen von Größen, als Operatoren sowie als Mengen gleichwertiger Brüche.

Das letzte Modell soll hier näher ausgeführt werden.

Unterrichtsablauf:
Stellt diese Zahlen am Zahlenstrahl dar!

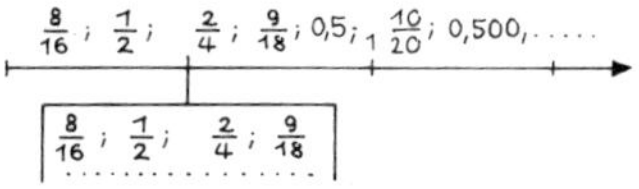

Die Schüler stellen fest, daß diese Zahlen dieselbe Stelle am Zahlenstrahl markieren. Sie sind nur verschiedene Schreibweisen.

Mit dem Overhead-Projektor kann man dieses »Zusammenfallen« der Marken für die verschiedenen Brüche demonstrieren, wenn man mit mehreren Zahlenstrahlen arbeitet und diese dann übereinanderlegt.

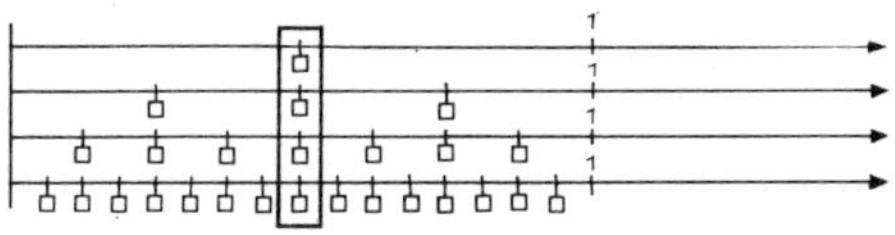

Wir können alle wertgleichen Brüche zu einer Menge zusammenfassen:

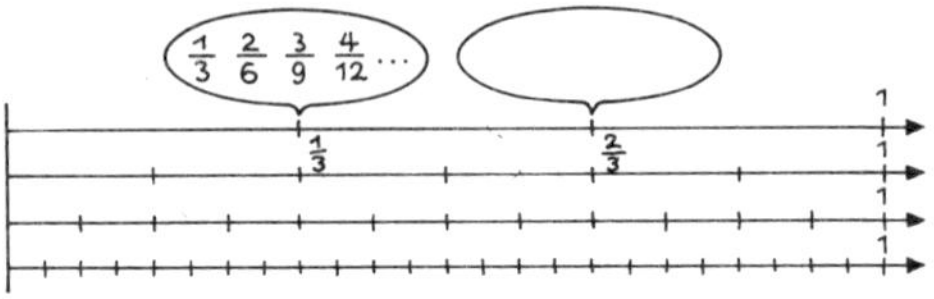

$\{\frac{1}{3}; \frac{2}{6}; \frac{3}{9}; \frac{4}{12}; \ldots\} = \text{Bruchzahl } \frac{1}{3}$

Aus diesen Beispielen sieht der Schüler, daß zu jedem Punkt des Zahlenstrahls nicht nur ein Bruch, sondern eine Menge in diesem Sinn gleichwertiger Brüche gehört. Diese Brüche bilden eine Äquivalenzklasse, die eine Bruchzahl bezeichnen.

Die Menge der Bruchzahlen:
In leistungsstärkeren Gruppen müßte hier die Einbettung der Menge $\mathbb{N}_0$ in Q_0^+ am Zahlenstrahl gezeigt werden.

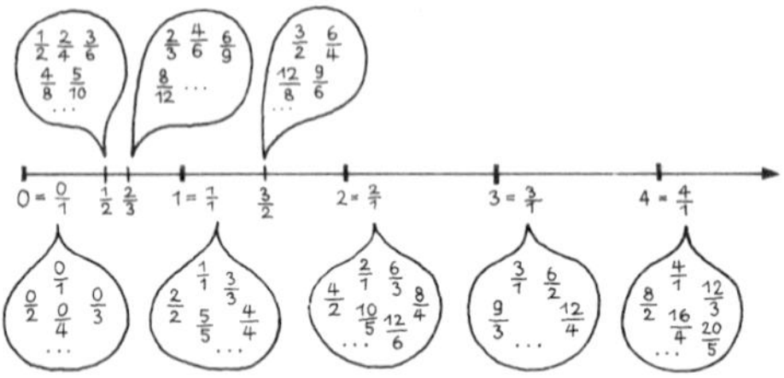

Darstellung der Teilmengenbeziehung im Mengenbild:

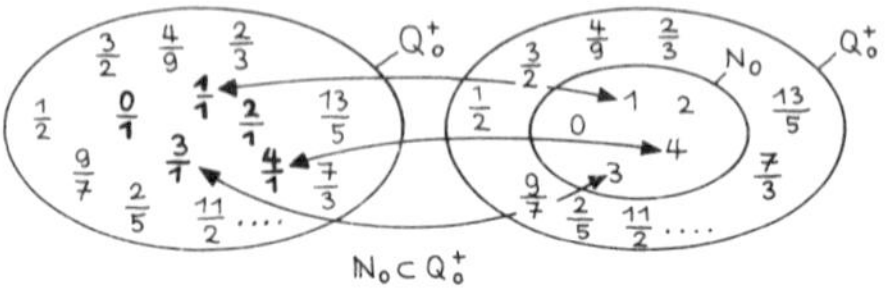

Die Menge der natürlichen Zahlen ist eine Teilmenge der Menge der Bruchzahlen.

Literatur

Bigalke, H. G.: Die Bedeutung der Mengenlehre im Mathematikunterricht der Eingangsstufe, in: Der Mathematikunterricht Heft 2/68, Stuttgart.

Glattfeld, M.: Der Zahlbegriff in Primar- und Orientierungsstufe, in: Sachunterricht und Mathematik, Heft 3/76.

Modelle für den Mathematikunterricht in der Grundschule. Stuttgart 1970.

Karlheinz Kuntze

Bruchrechnung

Einführung

Schwerpunkt des Unterrichts in der 6. Jahrgangsstufe

ist die Bruchrechung. Sie kann ausgezeichnet vorbereitet werden durch das am Ende der 5. Klasse stehende Lernziel: Einführung in den konkreten Bruchbegriff. Hier wird dem Schüler eine Fülle von Erfahrungsmaterial angeboten, die ihm bereits wesentliche Gedanken der späteren Bruchrechnung allein schon in den bekannten Größenbereichen wie auch innerhalb der natürlichen Zahlen vermittelt; er wird dadurch für den Stoff der 6. Klasse motiviert.

Einführen der Bruchzahlen heißt, den bisherigen Zahlenbereich der natürlichen Zahlen durch neue Zahlen erweitern. Sind die natürlichen Zahlen an sich schon abstrakte, mathematische Begriffe, so erst recht die Bruchzahlen (positive rationale Zahlen). Eine entsprechend mathematisch saubere, exakte Zahlbereichserweiterung durchzuführen ist nicht Aufgabe des Unterrichts (weder in der Hauptschule noch im Gymnasium). So wie die natürlichen Zahlen als Kardinalzahlen nicht nur für den Schüler, sondern auch noch für den Erwachsenen mit Anzahlen konkreter Gegenstände verbunden sind und letztlich mit solchen dargestellt werden (Man frage nur einmal, was »vier« bedeutet.), so bleibt die Bruchzahl sozusagen von Anfang an nicht »nackt« stehen, sondern wird entwickelt und bleibt verhaftet mit einem konkreten Teilungsvorgang. In dieser Anlehnung wird wohl auch stets die Frage beantwortet werden, was bedeutet »$\frac{3}{4}$« (etwa: Ich teile einen Gegenstand in vier gleiche Teile, nehme drei Teile, dann besitze ich $\frac{3}{4}$ des Gegenstandes).

Hier sind wir an einem wesentlichen Punkt angelangt. Der Vorgang des Teilens ist dem Wesen nach ein Operator. Aus einem Gegenstand, der vorher gegeben war, werden durch den Operator »nehme $\frac{3}{4}$« nachher $\frac{3}{4}$ dieses Gegenstandes. Der Operator »$\frac{3}{4}$ davon« beinhaltet eine genaue Handlungsanweisung. Nicht nur diese enge Verbindung der Bruchzahlen mit einem Operator, sondern auch Vorteile bei der Verknüpfung von Operatoren lassen bei der Multiplikation und Division von Bruchzahlen den Operatorgedanken als wertvolle Unterstützung für den Schüler beim Rechnen mit Bruchzahlen erscheinen.

Dezimalzahlen

lassen sich als spezielle Brüche auffassen. Ihre Einführung gelingt besonders gut über das Bündelhaus, wenn man sozusagen die Einer als Zehnerbündel einer kleineren Bündelstufe auffaßt. Es liegt ja auf der Hand, nicht nur »nach links« zu bündeln (also 137 E = 13 Z 7 E = 1 H 3 Z 7 E), sondern auch nach rechts zu entbündeln, letztlich über die Einerstelle nach rechts hinaus. Davon hat der Schüler bei Größen bereits ausgiebig Gebrauch gemacht. Er benötigt im Grunde nur noch die Bündelnamen rechts von der Einerstelle, eben die z (Zehntel), h (Hundertstel), t (Tausendstel), usw. Von dieser Situation her ist es ein leichtes, sowohl in die Symbolik der Dezimalzahl, ihre Begrifflichkeit wie auch das Rechnen mit denselben einzudringen, d. h. mündliches und schriftliches Rechnen innerhalb der vier Grundrechenarten einzuführen.

Einführung in den konkreten Bruchbegriff (5. Jahrgangsstufe)

In gleiche Teile teilen

Die Einführung der natürlichen Zahlen als Eigenschaft (Mächtigkeit) von Mengen erlaubt nicht, diesen Weg weiter zu führen, um zur Bruchzahl zu gelangen. Eine Kardinalzahl ist ihrem Wesen nach nicht beliebig teilbar, sondern nur durch ihre ganzzahligen Teiler.

Dagegen lassen sich Gegenstände unserer Umwelt in gleiche Teile »teilen«. Von diesem Handlungsprozeß des Teilens und seiner Versprachlichung wird ausgegangen, der Schüler muß die Fähigkeit entwickeln, einen Teilungsvorgang als Handlungsvorgang zu vollziehen und zu beschreiben und umgekehrt.

Jede Teilung eines Objekts bezieht sich auf eine bestimmte Eigenschaft desselben, etwa »gleich lange«, »gleich schwere«, »inhaltsgleiche« usw. Teilstücke herzustellen. Die Ausdrucksweise ›teile in »gleiche« Teilstücke‹ gibt im allgemeinen nicht die beabsichtigte Handlungsweise einwandfrei wieder.

Erst wenn der Schüler seine Fähigkeit, nach Anweisung zu teilen, sowie den Teilvorgang selbst zu beschreiben und auszuführen, mannigfach unter Beweis gestellt hat, wird behutsam an die mathematische Darstellungsweise herangegangen: Der Schüler lernt erst jetzt die Fähigkeit, ein Zerlegen in gleiche Teile mit der Zeichensprache der Mathematik darzustellen.

Teilen als Handlungsvollzug

Am Anfang des Unterrichts stehen ausschließlich Handlungsvollzüge des Teilens. Es ist sinnvoll, hier etwa mit reinen Halbierungsaufgaben zu beginnen, diese mit Teilungsaufgaben mit Vierteln (Halbieren zweimal ausführen) fortzusetzen und dann auch auf andere gebräuchliche Teilungsaufgaben unserer Umwelt einzugehen. Einige Beispiele seien für diese Stufung genannt:

1. Stufe: Halbiere verschieden große Blätter durch Falten! Zerschneide sie längs der Faltlinie! Prüfe, ob die beiden Teile desselben Blattes jeweils gleich groß sind (jeder Teil ist die Hälfte vom ganzen Blatt)! Halbiere nach Augenmaß einen Apfel in zwei gleich schwere Teile! Prüfe durch Wiegen nach! Ist »gleich schwer« dasselbe wie »gleich groß«? Wie teilt ein Platzwart ein Fußballfeld in zwei gleich große Spielfeldhälften? Was bedeutet »Es ist Halbzeit«?

2. Stufe: Falte Papierscheiben in vier gleich große Teile! Es werden Figuren gezeichnet, die jeweils den vierten Teil eines Gitternetzes darstellen; man vervollständige die Figur. Verteile einen Liter Wasser gleichmäßig auf vier Gläser! Wieviel Wasser ist in einem Glas? Zerschneide eine Schnur in vier gleich lange Teile!

3. Stufe: Die Uhr ist in 12 »Teile« eingeteilt; sind diese gleich groß? (Jeder Teil ist ein Zwölftel des Ganzen.) Zerschneide eine Schnur, deren Länge du nicht kennst, in fünf gleich lange Teile! . . .

Bruch als Maßzahl einer Größe

Die Mathematik bedient sich des »Bruches« als Symbol für den Teilungsvollzug; der Bruch tritt dabei nicht isoliert als Bruchzahl auf, wie z. B. $\frac{3}{4}$, sondern stets nur als Maßzahl einer Größe. Das Symbol »Bruch« stellt übersichtlich und knapp das Wesentliche einer Teilung dar.

Beispiel: Wir teilen einen Stab von 1 m Länge in vier gleich lange Teile.

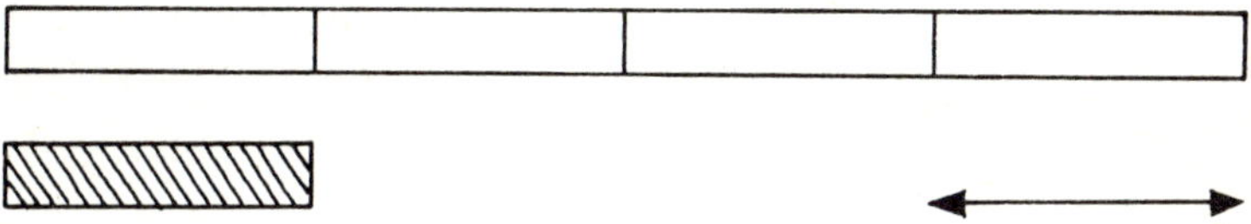

ein Teilstück ist
ein Viertel des Stabes
ein Viertel von dem Stab
der 4. Teil des Stabes

Die Länge eines Teilstücks ist
ein Viertel m
ein Viertel von 1 m
der 4. Teil von 1 m

abgekürzt: $\boxed{\frac{1}{4}\,\text{m}}$

Wir rechnen: $\frac{1}{4}\,\text{m} = 1\,\text{m} : 4 = 100\,\text{cm} : 4 = 25\,\text{cm}$.

Man muß dem Schüler Zeit lassen, sich mit dem Bruch in dieser Symbolbedeutung auseinanderzusetzen. Es führt nicht nur eine Teilungsaufgabe auf ein mit Hilfe eines Bruches geschriebenes Ergebnis, sondern man wird auch die umgekehrte Frage stellen, was bedeutet z. B. ein halber m, wie entsteht ein halber m? Dabei achten wir besonders auf die verschiedenen Sprechweisen, etwa ein halber Meter, die Hälfte von einem Meter, u. a.

Von der Erzeugung eines einzigen Bruchteils wird man zur Herstellung mehrerer Bruchteile kommen: etwa $\frac{3}{4}$ Jahr $= \frac{1}{4}$ Jahr $\cdot\ 3 =$ (1 Jahr : 4) $\cdot\ 3 =$ (12 Mon. : 4) $\cdot\ 3 =$ 3 Mon. $\cdot\ 3 =$ 9 Mon.

Bei all solchen Aufgaben wie $\frac{5}{8}$ km, $\frac{7}{12}$ Std., $\frac{3}{100}\,\text{m}^2$ tritt der Bruch als Maßzahl auf und wird als Handlung interpretiert.

Größen, deren Maßzahlen Brüche sind, lassen sich vergleichen. Einmal kann konkret gezeigt werden, daß $\frac{1}{2}$ m $= \frac{2}{4}$ m $= \frac{4}{8}$ m $=$ . . . . . ist, zum anderen, daß $\frac{3}{8}$ m kleiner ist als $\frac{5}{8}$ m.

Bruch als Bruchoperator

Es unterstützt das Verständnis des Schülers wesentlich, wenn man ihn befähigt, den Bruch auch in seiner Bedeutung als Bruchoperator zu verstehen. Eine Aufgabe möge dies illustrieren: Von 12 l Most werden $\frac{7}{10}$ l abgefüllt. Wie viele Liter sind das?
(Dieses Beispiel wie auch andere für den praktischen Unterricht sehr wertvolle Bespiele stammt aus dem Schulbuch »Bausteine der Mathematik«.)

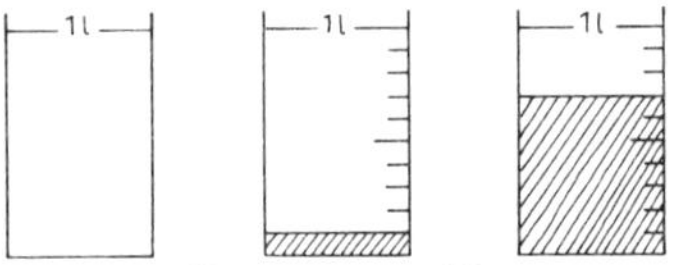

$\frac{7}{10}\,\mathrm{l} = 1\,\mathrm{l}\ (:10)\ (\cdot 7)$

$1\,\mathrm{l} \xrightarrow{(:10)} \frac{1}{10}\,\mathrm{l} \xrightarrow{(\cdot 7)} \frac{7}{10}\,\mathrm{l}$

Der Schüler kann mit Hilfe der Operatorschreibweise die Beschreibung der Handlung in ihren Einzelschritten symbolhaft darstellen.

Es sei an das Arbeiten mit Operatoren und Operatorketten erinnert. Hintereinander auszuführende Additions- und Subtraktionsoperatoren können durch einen einzigen Operator ersetzt werden, z. B.

$$\xrightarrow{(+3)}\xrightarrow{(-5)}\xrightarrow{(-4)}\xrightarrow{(+8)}\xrightarrow{(+2)} \;=\; \xrightarrow{(+4)}$$

Nicht ersetzbar durch einen Operator sind Ketten aus Additions- bzw. Subtraktionsoperatoren einerseits und Multiplikations- bzw. Divisionsoperatoren andererseits; z. B.

$$\xrightarrow{(+4)}\xrightarrow{(:4)}$$

Hier gilt auch nicht das Vertauschungsgesetz wie bei den Additions- und Subtraktionsoperatoren. Dagegen kann man Multiplikations- und Divisionsoperatoren bliebig vertauschen, eine Kette von Multiplikationsoperatoren allein durch einen einzigen Multiplikationsoperator und eine Kette von Divisionsoperatoren allein durch einen einzigen Divisionsoperator ersetzen. Eine Kette aus einem Multiplikations- und Divisionsoperator dagegen läßt sich nicht durch einen einzigen bekannten Operator ersetzen. Es gilt jedoch: Kann man auf dieselbe Zahl einen Multiplikationsoperator und einen Divisionsoperator anwenden, so kann die Zahl auch die Kette aus beiden Operatoren durchlaufen. Auf die Reihenfolge der beiden Operatoren kommt es dabei nicht an.

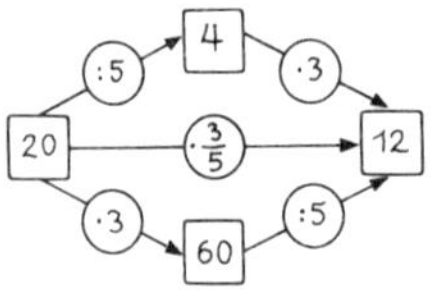

Die Operatorkette
$\xrightarrow{(:5)}\xrightarrow{(\cdot 3)}$ oder $\xrightarrow{(\cdot 3)}\xrightarrow{(:5)}$
wird symbolisiert durch den
Bruchoperator $\xrightarrow{(\cdot\frac{3}{5})}$
$20\ \xrightarrow{(\cdot\frac{3}{5})} \;=\; 20\ \xrightarrow{(:5)}\xrightarrow{(\cdot 3)}$

Durch diese neue Vereinbarung ist der sogenannte Bruchoperator eingeführt worden.

»20 mal $\frac{3}{5}$« gibt weniger als 20, weil durch die größere Zahl (5) dividiert wird und mit der kleineren Zahl (3) multipliziert wird. Ein Beispiel möge den Sachverhalt ergänzen: Ernst hat 20 Schusser. Fritz hat $\frac{4}{5}$ mal soviel (andere Sprechweise: Fritz hat $\frac{4}{5}$ von 20 Schussern).

Rechnung: 20 $\left(\frac{4}{5}\right)$ = 20 (:5)→ (·4)→ = 16

(bzw.: $20 \cdot \frac{4}{5} = 20 : 5 \cdot 4 = 16$).

Antwort: Fritz hat 16 Schusser.

Bruchoperatoren bei Anzahlen

Der Stoff der 5. Klasse schließt damit, daß man Bruchoperatoren nicht nur auf Größen sondern auch auf Anzahlen anwenden kann. Beispiel: Ein Omnibus mit 40 Plätzen ist zu $\frac{3}{5}$ besetzt. Wie viele Plätze sind besetzt?

Aufgabe	alle Plätze		$\frac{1}{5}$ der Plätze		$\frac{3}{5}$ der Plätze
$\frac{3}{5}$ von 40	40	(: 5)→	8	(· 3)→	24

$\frac{3}{5}$ der 40 Plätze sind 24 Plätze. 24 Plätze sind besetzt.

Rechnen mit Bruchzahlen in Bruchstrichschreibweise (6. Jahrgangsstufe)

Einführung der Bruchzahl

Wesentlicher Punkt ist zunächst eine gute Einführung der Bruchzahl an sich, d. h. also losgelöst von ihrem bisherigen Charakter als Maßzahl von Größen. (Daß zu Beginn der 6. Klasse der entsprechende Stoff der 5. Klasse intensiv wiederholt wird, versteht sich von selbst.)

Es bietet sich an, die Erfahrung der Schüler zu nützen, daß zwischen den Größen und den natürlichen Zahlen eine erhebliche Verwandtschaft besteht, etwa was die Ordnung betrifft, was die Addition und Subtraktion angeht, und letztlich werden ja die Zahlen unmittelbar als Maßzahlen von Größen verwendet. Hier in den Größenbereichen hat man bereits jene Ergänzung vorgenommen, daß man zu den natürlichen Zahlen die Bruchzahlen hinzugenommen hat. Dies entspricht dem natürlichen Bedürfnis in den Größenbereichen, Ergebnisse von Teilungsvorgängen auch zahlenmäßig darstellen zu können. Die besondere Analogie zwischen den Größenbereichen und den natürlichen Zahlen spiegelt sich in ihrer Darstellbarkeit auf einer Halbgeraden wider (s. Seite 62).

Anzugeben ist letztlich nur der Maßstab, d. h., wie viele cm, genauer eine Strecke von soundso viel Zentimeter, die Einheit des betreffenden Größenbereichs darstellt. Dabei ist es gleichgültig, ob es dm, hl, qm, Std. oder irgendwelche anderen Größen sind (z. B.: 1 Std. ≙ 8 cm, 1 hl ≙ 8 cm).

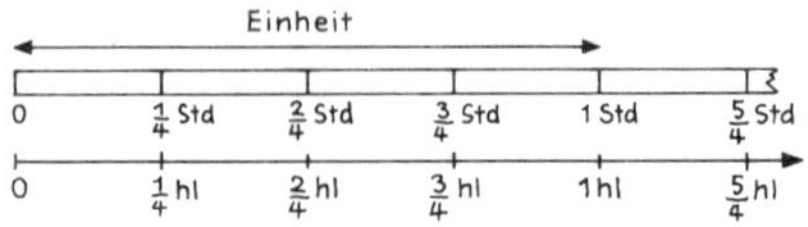

Die auf der Halbgeraden markierten Punkte sind als Endpunkte der beim Nullpunkt beginnenden Strecken aufzufassen. Diese abkürzende Darstellungsweise (Punkt anstelle Strecke!) ist mit den Schülern eingehend zu besprechen. Anstatt nun jedesmal außer der Maßzahl auch die Maßgröße anzuschreiben, wird man nur mehr die Maßzahlen anschreiben, und aus der Zahlgeraden wird die Zahlenhalbgerade.

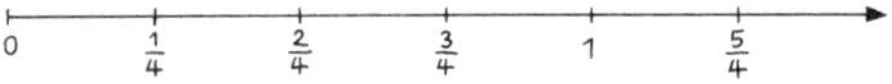

Auf ihr können wir alle Brüche darstellen. Jeder Bruchzahl entspricht ein Punkt auf dem »Zahlenstrahl«.

Hinzu kommt die Unterscheidung zwischen echtem Bruch, unechtem Bruch und gemischter Zahl.

Der gleiche Punkt auf dem Zahlenstrahl

Durch verschiedene Unterteilungen der Einheit auf dem Zahlenstrahl etwa in Viertel, Achtel, Zwölftel und Sechzehntel kommt man für verschieden geschriebene Brüche zum gleichen Punkt auf dem Zahlenstrahl. Man sagt, gleichwertige Brüche besitzen den gleichen Punkt auf dem Zahlenstrahl.

Für die sich anschließenden Vorgänge des Erweiterns und Kürzens, des Ordnens und Vergleichens, des Addierens und Subtrahierens spielt der Operatorgedanke eine mehr untergeordnete Rolle.

Das Erweitern und Kürzen (Aufsuchen der entsprechenden Erweiterungs- bzw. Kürzungszahl) ist durch ein Rechtecksmodell (Gitterrechteck) grafisch sehr gut zu veranschaulichen. Man vergleicht die Anzahl der Teilflächen des Rechtecks und die Größe einer Teilfläche.

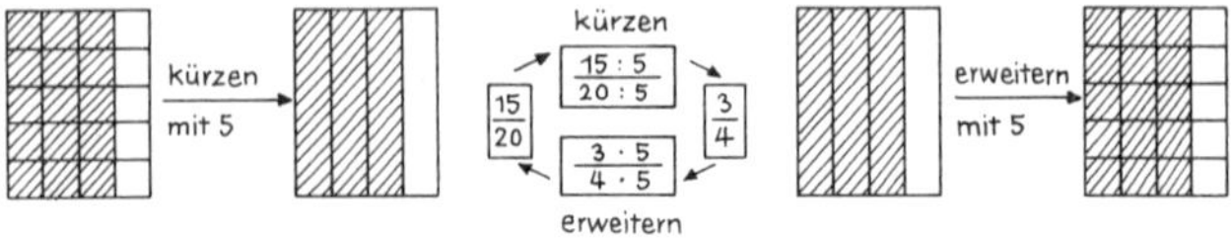

$\frac{15}{20} = \frac{15 : 5}{20 : 5} = \frac{3}{4}$ $\qquad$ $\frac{3}{4} = \frac{3 \cdot 5}{4 \cdot 5} = \frac{15}{20}$

Es kommt hierbei nicht darauf an, gleich vollständig zu kürzen, sondern die Zweckmäßigkeit verschiedener Kürzungswege, der Kürzungsmöglichkeiten, dem Schüler verständlich zu machen.

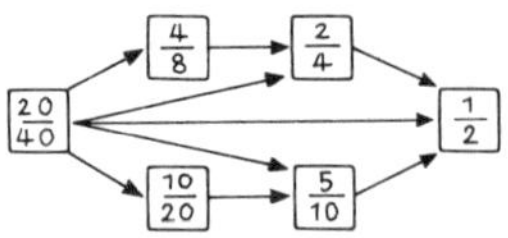

Da man Brüche mit gleichem Nenner leicht ordnen und vergleichen kann, führt man das Ordnen und Vergleichen von Brüchen mit verschiedenen Nennern auf diesen Fall zurück, indem man sie durch Erweitern oder auch Kürzen auf einen gemeinsamen »Hauptnenner« bringt.

Wahrscheinlichkeitsrechnung und Statistik

Der Lehrplan macht im Lernziel 1.4 (B VI) den schüchternen Versuch, auch aktuelle Themen der angewandten Schulmathematik anzusprechen, die Arbeits- und Denkweisen unserer unmittelbaren Umwelt betreffen. Hierzu gehören etwa die Wahrscheinlichkeitsrechnung und Statistik in ihren praktischen Anwendungsbereichen. In diesen Themenkreis gehört der Begriff der relativen Häufigkeit.

Zugrunde liegt dabei ein festgelegtes, bestimmtes »Experiment«, das wiederholt durchgeführt werden kann, etwa wie das Werfen von zwei Würfeln, das Ausfüllen eines Lottoscheines usw. Im Rahmen dieses (experimentellen) Vorgangs können im allgemeinen verschiedene Ergebnisse auftreten, etwa die Augenpaare von 2 bis 12 beim Würfeln oder die Zahlenfolge 17, 24, 31, 32, 45, 48 unter vielen Sechserfolgen beim Lotto. Als bestimmte, bekannte Eigenschaft des Vorgangs gehört auch das Wissen um die Chancengleichheit der auftretenden Ergebnisse oder um die Gewichtung der Eintrittschance verschiedener Ergebnisse dazu. Letzteres würde etwa auftreten, wenn ein Würfel gezinkt ist und man beispielsweise das Fallen der Zahl 6 mit dem Faktor 10 gegenüber dem Werfen der Zahlen 2 mit 5 durch Bewertung mit dem Faktor 5 und dem Werfen der Augenzahl 1 durch Bewertung mit dem Faktor 1 ausdrückt. Es genügt für die Einführung des Begriffs der relativen Häufigkeit, wenn man Chancengleichheit für das Eintreten der verschiedenen Ereignisse voraussetzt. So hat bei einem normalen Würfel jede der Augenzahlen von 1 bis 6 die gleiche Chance zu fallen, usw. Die relative Häufigkeit ist ein Maß für den mathematischen Begriff Wahrscheinlichkeit, wenn wir für alle »Ereignisse« die gleiche Eintrittschance voraussetzen. In der mathematischen Statistik schließen sich Untersuchungen und Methoden an, mit denen man entscheiden kann, welches Wahrscheinlichkeitsmaß unter mehreren möglichen der Wirklichkeit besser angepaßt ist.

Die Definition der relativen Häufigkeit durch den Quotienten aus Anzahl der Treffer geteilt durch Anzahl der Versuche läßt für den Schüler das Wesentliche, nämlich die Eintrittschance bei Versuchswiederholung usw., zuwenig erkennen.

In den Begriff »relative Häufigkeit« kann man etwa folgendermaßen einführen: Schüler basteln sich farbige Scheiben. Durch deren Mittelpunkt

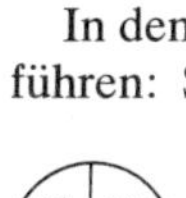

Scheibe A

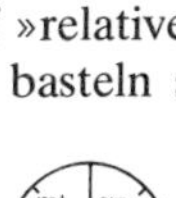

Scheibe B

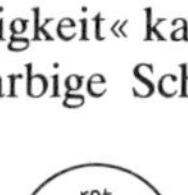

Scheibe C

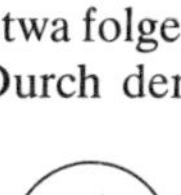

Scheibe D

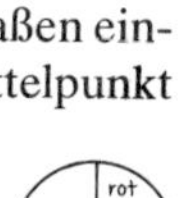

Scheibe E

stecken sie jeweils eine Achse und drehen die Scheibe. Es soll erraten wer-

den, auf welcher Farbe der Scheibenrand liegen wird, wenn die Scheibe zur Ruhe kommt. Die fünf gleich großen Scheiben werden verschieden eingeteilt und bemalt.
Wir können nun fragen, hat bei Scheibe A oder B jede der vier Farben dieselbe Chance? Wie steht es bei Scheibe C, D oder E?

Gleich großen Flächen entsprechen gleich große Chancen. Auf kariertem Papier können wir gleiche Chancen durch gleich große Kästchen darstellen. (r ≙ rot, g ≙ grau, b ≙ braun, w ≙ weiß)

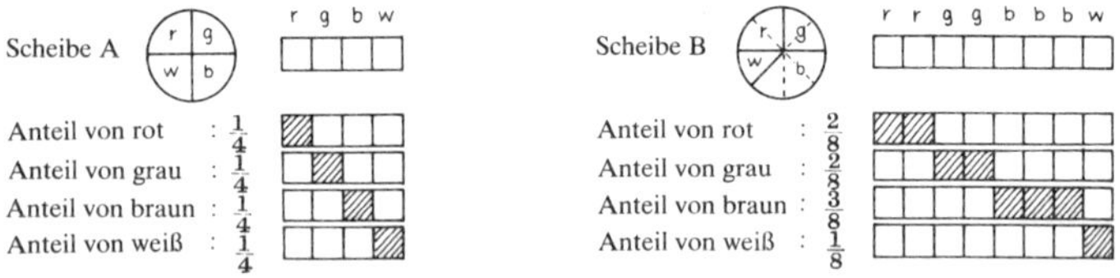

Die Chancen können wir mit Hilfe der Anteile vergleichen. Statt Anteil, erklären wir dem Schüler, sagt man auch relative Häufigkeit. So schreiben wir bei Scheibe A, die relative Häufigkeit für rot beträgt $\frac{1}{4}$, bei Scheibe B, die relative Häufigkeit für das Eintreten der Farbe rot beträgt $\frac{2}{8}$. (Weitere Beispiele dazu, etwa mit Spielwürfeln oder Urnenmodell, finden sich im Band 6 von Bausteine der Mathematik.)

Die Addition und Subtraktion von Brüchen

geht aus von einer stets ausführlich zu veranschaulichenden Summen- bzw. Differenzbildung von Brüchen mit gleichem Nenner (etwa durch Rechtecksflächen). Hieran wird sich das Addieren und Subtrahieren von gemischten Zahlen, deren Bruchanteile gleichen Nenner besitzen, anschließen. Das Addieren und Subtrahieren von Brüchen bzw. gemischten Zahlen mit verschiedenen Nennern läßt sich durch ein Erweitern der Brüche auf einen gemeinsamen Hauptnenner leicht auf den vorhergehenden Fall der »gleichnamigen Brüche« zurückführen. Beispiel einer Veranschaulichung:

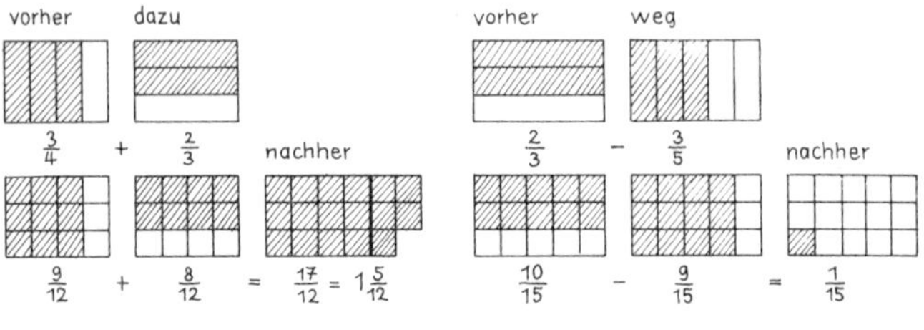

Im Zusammenhang mit der Addition und Subtraktion von Brüchen sind auch laut Lehrplan Gleichungen des Typs $a \pm x = b$ bzw. $x \pm a = b$ (a, b ε Q_0^+) zu behandeln. Wegen der »Dichtheit« der rationalen Zahlen scheidet dabei das probierende Verfahren aus. Statt dessen wird man ein »Analogieverfahren« als Lösungsstrategie benützen; man führt die Aufgabe auf einen leicht überschaubaren und leicht zu lösenden Fall zurück.

Z. B. $2\frac{1}{8} + x = 4\frac{3}{4}$ auf den analogen Aufgabentyp $3 + 2 = 5$.

x entspricht der Zahl 2, 2 erhält man aus $5 - 3$, durch Vergleich erhält man $x = 4\frac{3}{4} - 2\frac{1}{8}$. Man hüte sich aber, zu komplizierte Aufgaben in der Hauptschule zu behandeln, denn es schließt sich im Gegensatz zum Gymnasium ja an diesen Stoff kein Algebraisieren an.

Natürlich bietet dieser Themenkreis genug Gelegenheit, auf die Verwendung der mathematischen Fachnamen wie Summand, Summe usw. einzugehen, wie auch einschlägige Sachaufgaben (deren es aber nicht sehr viele gibt, da im täglichen Gebrauch der dezimalen Schreibweise gegenüber der Bruchschreibweise der Vorrang gegeben wird) zu behandeln.

Multiplikation und Division

Diesen Themenkreis wird man mit der Multiplikation eines Bruches mit einer ganzen Zahl beginnen und damit die Multiplikation auf eine Addition von gleichen Brüchen zurückführen. Besonderes Augenmerk sollte man der sprachlichen Ausdrucksweise schenken:

$\frac{2}{3}$ 4 mal genommen

$\frac{2}{3} \cdot 4 = \frac{2}{3} + \frac{2}{3} + \frac{2}{3} + \frac{2}{3} = \frac{8}{3} = 2\frac{2}{3}$

$\frac{2}{3}$ von 4

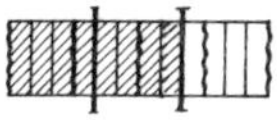

$4 \left(\cdot \frac{2}{3}\right) = 4 (:3) (\cdot 2) = \frac{4}{3} (\cdot 2) = \frac{8}{3} = 2\frac{2}{3}$

Aus solchen Beispielen folgt nicht nur die Erkenntnis, daß man auch bei Brüchen Faktoren vertauschen kann, sondern auch, daß eine Multiplikation mit einem echten Bruch »verkleinernd« wirkt (Bei $\left(\cdot \frac{2}{3}\right) = (:3)\,(\cdot 2)$ wird durch eine größere Zahl dividiert als nachher multipliziert wird).

Ist auch die Multiplikation grafisch gut zu veranschaulichen, z. B.

$\frac{3}{4}$ von $\frac{1}{2}$ $\qquad$ $\frac{1}{2} \cdot \frac{3}{4} = \frac{3}{8}$

$\frac{1}{2}$ von $\frac{3}{4}$ $\qquad$ $\frac{3}{4} \cdot \frac{1}{2} = \frac{3}{8}$

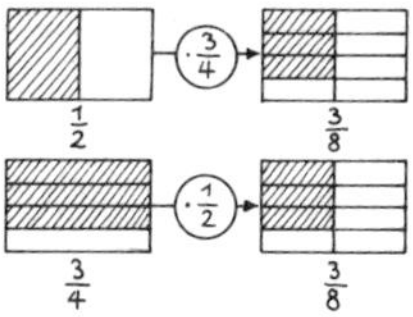

so gibt doch das Arbeiten mit Bruchoperatoren im Gegensatz zur Addition und Subtraktion wertvolle Hilfen.

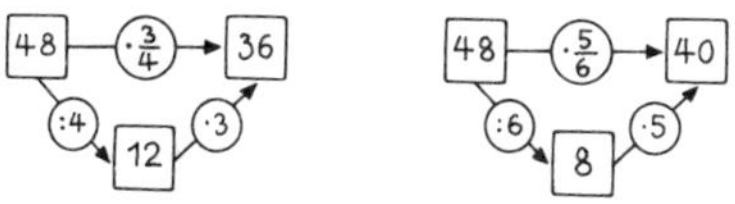

»$\frac{3}{4}$ von 48« $\qquad$ »$\frac{5}{6}$ von 48«

Überlegen gegenüber jeder grafischen Veranschaulichung zeigt sich der Bruchoperator jedoch bei der Division von zwei Brüchen. Die Bedeutung von Operator und Gegenoperator kommt hier besonders stark zum Tragen.

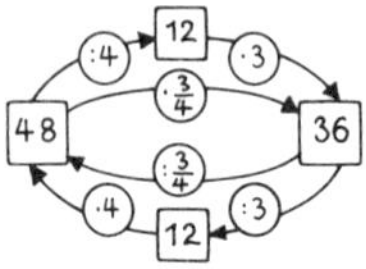

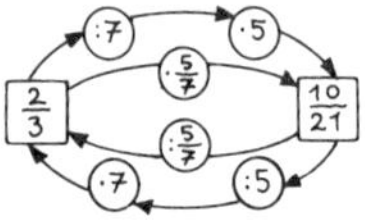

$48 \xrightarrow{\cdot \frac{3}{4}} 36$	$\frac{2}{3} \xrightarrow{\cdot \frac{5}{7}} \frac{10}{21}$
$48 \xrightarrow{\cdot 4} \xrightarrow{: 3} 36$	$\frac{2}{3} \xrightarrow{\cdot 5} \xrightarrow{: 7} \frac{10}{21}$
$36 \xrightarrow{: \frac{3}{4}} 48$	$\frac{10}{21} \xrightarrow{: \frac{5}{7}} \frac{2}{3}$
$36 \xrightarrow{: 3} \xrightarrow{\cdot 4} 48$	$\frac{10}{21} \xrightarrow{: 5} \xrightarrow{\cdot 7} \frac{2}{3}$
$36 \xrightarrow{\cdot \frac{4}{3}} 48$	$\frac{10}{21} \xrightarrow{\cdot \frac{7}{5}} \frac{2}{3}$

Der Meßvorgang wird im Unterricht als Divisionsaufgabe formuliert, angeschrieben und gerechnet. Beispiel: Für einen 8 m langen Gartenweg werden an einer Seite Randsteine verlegt. Ein Stein ist $\frac{4}{5}$ m lang. Berechne die Zahl der benötigten Steine! Wir nehmen die Randsteine zum Messen der Weglänge. Wir rechnen $8 : \frac{4}{5} = 8 \cdot \frac{5}{4} = \frac{8 \cdot 5}{4} = 2 \cdot 5 = 10$. Antwort: 10 Steine werden benötigt.

Gleichungen – Klammerschreibweise

Im Anschluß an die Multiplikation und Division von Brüchen werden zugehörige Gleichungen (auf einfache Aufgaben achten!) wiederum nach der Analogiestrategie gelöst. In der Verbindung der vier Grundrechenarten ist auf die beiden Regeln »rechne zuerst, was in der Klammer steht« und »Punktrechnung geht vor Strichrechnung« entsprechend einzugehen. Ebenso ist anhand von interessanten Sachaufgaben die Fähigkeit der Schüler im Lösen solcher Aufgaben zu entwickeln.

Im Themenkreis »Funktionale Abhängigkeit« des Lehrplans bietet sich nochmals bei der Behandlung der Proportionalität und bei der Einführung in die Prozentrechnung eine Vertiefung des Bruchrechnens an.

Rechnen mit Bruchzahlen in Dezimalschreibweise

Bündeln

Die Grundidee der dezimalen Schreibweise besteht im Bündeln von Größen wie von Zahlen. Der normale Bündelumfang ist dabei stets 10, d. h. 10 Elemente können zu einer nächst größeren Einheit (Bündelstufe) zusammengefaßt werden. 10 cm = 1 dm, 10 Z = 1 H, usw. Nicht alle solche größeren Einheiten tragen einen eigenen Namen, z. B. 10 l, 10 kg, usw. (Trotzdem unterliegen auch diese Größen stets der Zehnerbündelung!)

Eine sehr ausführliche, charakteristische Darstellung für diesen Sachverhalt bietet das sogenannte Bündelhaus, in dem die einzelnen Bündelstufen aufgeführt sind und der Bündelumfang 10 angegeben ist.

Beispiele:

10

m	dm	cm	mm
4	3	0	5

10

kg	100g	10g	g
4	3	0	5

10

T	H	Z	E
4	3	0	5

10

m	dm	cm	mm
4	3	0	5
	43	0	5
		430	5
			4305

↙ entbündelt ↖ gebündelt
↙ entbündelt ↖ gebündelt
↙ entbündelt ↖ gebündelt

4 m	3 dm	0 cm	5 mm
	43 dm	0 cm	5 mm
		430 cm	5 mm
			4305 mm

Die Kommaschreibweise von Größen vereinfacht diese Schreibweise; das Komma ersetzt jenen senkrechten Strich im Zehner (!) Bündelhaus, der nach der angegebenen Maßeinheit steht; z. B.:

10

m	dm	cm	mm	
4 ❙	3	0	5	4,305 m
4	3	0 ❙	5	430,5 cm

Entbündeln

Um weiter nach »rechts« entbündeln zu können, benötigt man bei den Größen entsprechende kleinere Größen (z. B.: rechts von mm: $\frac{1}{10}$ mm, $\frac{1}{100}$ mm, ...). Manche dieser kleineren Größen besitzen wieder einen eigenen Namen, doch bietet die Bruchschreibweise auch eine mögliche Darstellung und letztlich den Zusammenhang zwischen den beiden Bruchdarstellungen. Bei den Zahlen verfährt man nun ebenso und gibt den Zehnerbündelstufen rechts von den Einern eigene Namen.

10

...	T	H	Z	E	z	h	t	zt	...

z : Zehntel, h : Hundertstel, t : Tausendstel, zt : Zehntausendstel, . . .

Die Kommaschreibweise von Größen wird insofern übernommen, daß man den senkrechten Strich hinter den Einern als Kommastrich benützt.

10

E	z	h	t
3 ❙	7	2	6

$$= 3{,}726 = 3\text{ E } 7\text{ z } 2\text{ h } 6\text{ t}$$
$$= 3 \cdot 1 + 7 \cdot \tfrac{1}{10} + 2 \cdot \tfrac{1}{100} + 6 \cdot \tfrac{1}{1000}$$
$$= 3 + \tfrac{7}{10} + \tfrac{2}{100} + \tfrac{6}{1000}$$

Aus dieser Erfahrung können die Dezimalzahlen sowohl am Zahlenstrahl dargestellt werden wie auch in Brüche bzw. gemischte Zahlen verwandelt werden. Welche Nenner ein Bruch haben muß, damit er als Dezimalbruch geschrieben werden kann, zeigt folgende Übersicht:

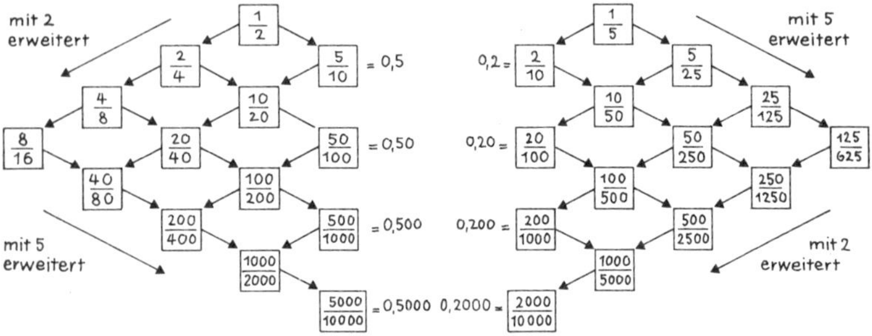

Das Runden von Dezimalbrüchen dient nicht zuletzt dem Zweck, Überschlagsrechnungen durchführen und Schätzwerte angeben zu können.

Addition und Subtraktion von Dezimalbrüchen

sind anhand des Zehnerbündelhauses unmittelbar vollziehbar:

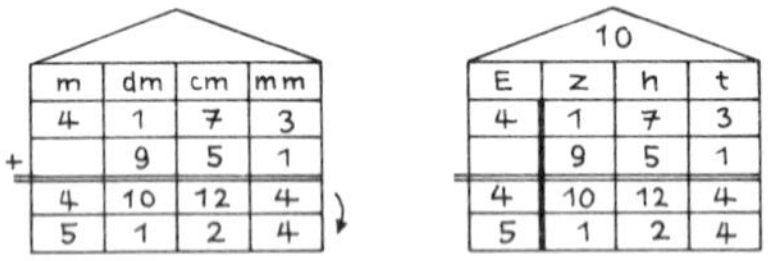

$$\begin{array}{r} 4{,}173 \\ +\ 0{,}951 \\ \hline 5{,}124 \end{array}$$

Die Multiplikation von Dezimalbrüchen

Bei ihr beginnt man zweckmäßig mit der Multiplikation mit 10, 100, 1000, ... usw.

Das Beispiel

7,29 · 10

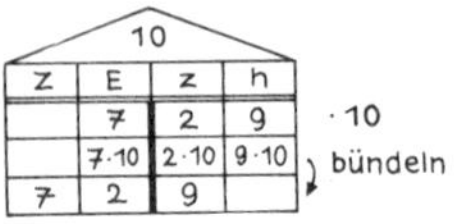

$$7 \cdot 10 = 70$$
$$0{,}2 \cdot 10 = \tfrac{2}{10} \cdot 10 = 2$$
$$0{,}09 \cdot 10 = \tfrac{9}{100} \cdot 10 = \tfrac{9}{10} = 0{,}9$$
$$7{,}29 \cdot 10 = 72{,}9$$

führt unmittelbar zu dem Ergebnis: Ein Dezimalbruch wird mit der Zahl 10 multipliziert, indem man das Komma um eine Stelle nach rechts verschiebt.

Die Division von Dezimalbrüchen

Die Umkehrung dieser Aufgaben führt auf die Division von Dezimalbrüchen durch die Zahlen 10, 100, 1000, ... usw., d. h. zu der Regel: Ein Dezimalbruch wird durch 10 dividiert, indem man das Komma um eine Stelle nach links verschiebt.

Multiplizieren und dividieren

Damit hat man die Grundlage geschaffen, zwei beliebige Dezimalbrüche multiplizieren oder dividieren zu können. Folgende Beispiele veranschaulichen die zweckmäßige Zerlegung der beiden Faktoren bzw. von Dividend und Divisor:

$$\boxed{3{,}49 \cdot 6{,}5} = \boxed{3{,}49 \cdot 100 \cdot 6{,}5 \cdot 10 : 100 : 10}$$

$$\boxed{349 \cdot 65 : 1000}$$

$$\boxed{22685 : 1000}$$

$$\boxed{22{,}685}$$

Überschlag:

$3{,}5 \cdot 6 = 21$

Nebenrechnung

$$\begin{array}{r} 349 \cdot 65 \\ \hline 2094 \\ +\ 1745 \\ \hline 22685 \end{array}$$

$$\boxed{1{,}045 : 2{,}75} = \boxed{(1{,}045 \cdot 100) : (2{,}75 \cdot 100)}$$

$$\boxed{104{,}5 : 275}$$

$$\boxed{0{,}38}$$

Überschlag:

$1 : 3 = \frac{1}{3} \approx 0{,}3$

Nebenrechnung

$$\begin{array}{l} \overset{z}{\overline{104{,}5}} : 275 = 0{,}3\overset{z}{8} \\ \ \ 825 \\ \hline \ \ 2200 \\ \ \ 2200 \\ \hline \ \ \ \ \ 0 \end{array}$$

Am Ende stehen die beiden Regeln: Wir multiplizieren Dezimalbrüche miteinander, indem wir sie ohne Komma multiplizieren, aber dann im Produktwert so viele Kommastellen wieder setzen, wie beide Dezimalbrüche zusammen besaßen.

Wir dividieren durch einen Dezimalbruch, indem wir beim Dividenden und beim Divisor das Komma so lange um gleich viele Dezimalstellen nach rechts verschieben, bis der Divisor ganzzahlig ist. Dann dividieren wir nach dem Normalverfahren.

Der Schüler wird das Rechnen mit Dezimalbrüchen mit Recht dem Rechnen mit gewöhnlichen Brüchen vorziehen; es ist übersichtlicher und leichter. Eine Fülle von praktischen Sachaufgaben unterstützt die Unterrichtsarbeit auf diesem Gebiet. Man vergesse aber nie, zumindest hin und wieder das Ergebnis vor einer Rechnung erst überschlagen zu lassen.

Karlheinz Kuntze

Geometrie

Einführung und Übersicht

Anschluß an den Geometrieunterricht in der Grundschule

Der Geometrieunterricht der 5. und 6. Jahrgangsstufe hat den der Grundschule nahtlos fortzusetzen. Hauptaufgabe eines Geometrieunterrichts in der Grundschule ist es, relevante Erlebnis- und Erfahrungsinhalte der Schüler zu ordnen und zu vervollständigen, damit sich zielgerichtete geometrische Handlungen anschließen können.[1] Der propädeutische Charakter dieses Unterrichts setzt sich auch in der 5./6. Jgst. fort. Der Schüler wird hier seinen Handlungsraum mehr und mehr durch einen Vorstellungsraum ergänzen: Er hat grundlegende geometrische Fragestellungen auch aus seiner Vorstellung heraus zu beantworten. (Vgl. das im Lehrplan aufgeführte Richtziel »*Fähigkeit, sich geometrische Zusammenhänge anschaulich vorzustellen*«.)

Der »Raum« als Ausgangspunkt

Stets bleibt der Raum Ausgangspunkt für »geometrische« Betrachtungsweisen, für »geometrisches« Experimentieren und Handeln und für »geometrisches« Abstrahieren. Der Schüler beschreibt zuerst das Körperhafte seiner dreidimensionalen Umwelt anhand von Eigenschaften und Beziehungen, selbstgefertigten Modellen und zeitlich ablaufenden Bewegungsvorgängen. (In letzteren finden wir insbesondere das Wesen geometrischer Operatoren bzw. Abbildungen, etwa durch die Lage »vorher« und »nachher«, besonders gut beschrieben.)

Fläche ist zunächst nur Berandung eines Körpers und ohne denselben nicht existent. Das »Körperhafte« und »Flächenhafte« ist voneinander abzuheben. Der hierarchische Aufbau »Körper – Fläche – Linie – Punkt« zeigt nicht nur die betreffenden Zusammenhänge dieser Begriffe auf, sondern führt auch allmählich aus der reinen Dreidimensionalität hinaus.

Der Schüler hat räumliche Körper als »Bild« auf einer zweidimensionalen Papierfläche darzustellen. Das ist ein schwieriger und behutsam zu erlernender Abstraktionsprozeß. Er zeichnet in der Ebene und beschäftigt sich dabei mit ebenen Flächenformen, Linien und Punkten. Ein Gitternetz in der Ebene dient zur Orientierung in dieser seiner Zeichenebene.

Schwerpunkte des Geometrieunterrichts

Nachstehende Übersicht stellt die drei Schwerpunkte des Geometrieunterrichts der 5. und 6. Jgst. dar:

- Geometrische Eigenschaften und Relationen in der Stufung Körper – Fläche – Linie – Punkt

- Abbildungen (Operatoren) in der Ebene
- Messen und Berechnen von Längen (Streckenzug), Flächeninhalten (Rechteck) und Rauminhalten (Quader)

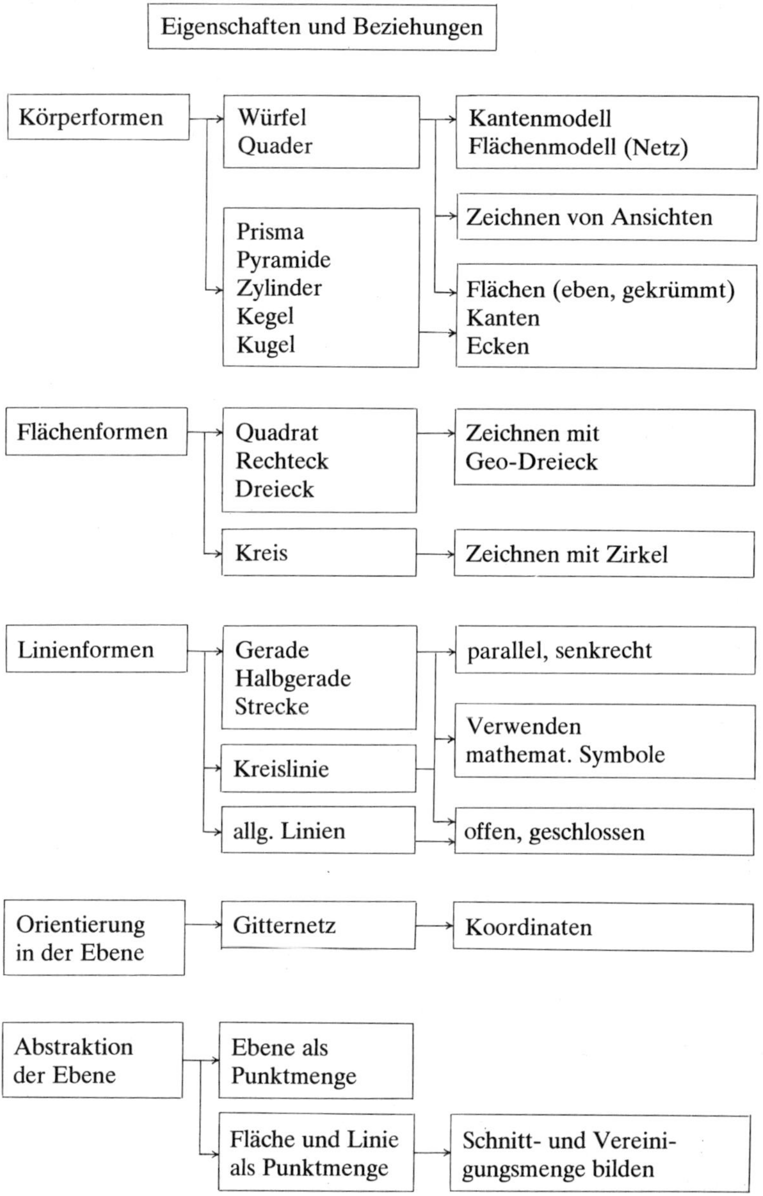

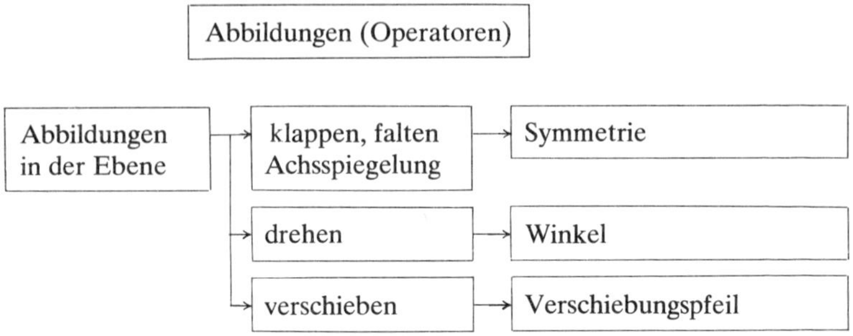

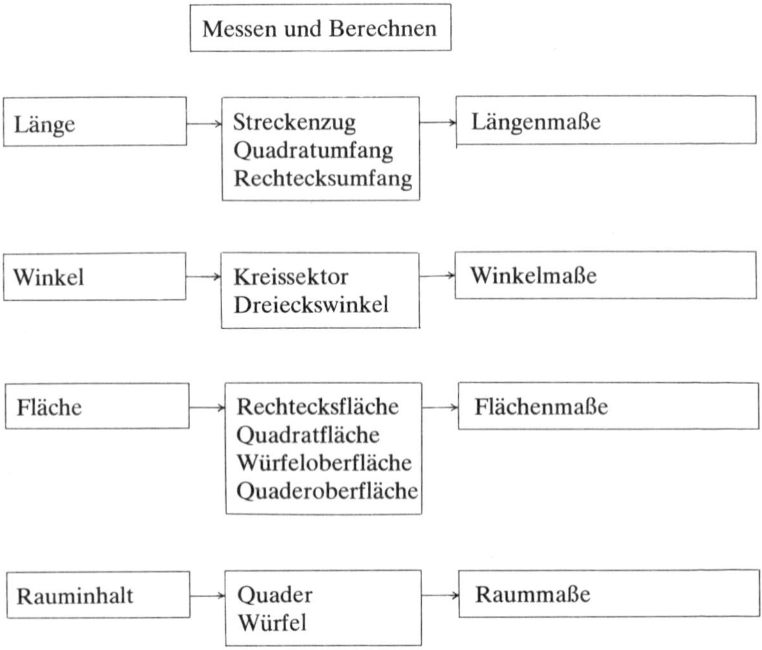

Der Bereich Geometrie im Lehrplan

Ebene Grundformen – Die Ebene als Punktmenge

Der Lehrplan stellt die drei Schwerpunkte der vorangegangenen Übersicht klar heraus. Nur das Thema Symmetrie steht etwas verloren in der Behandlung ebener Grundformen ohne Zusammenhang mit den weiter zu behandelnden Abbildungen des Verschiebens und Drehens; die Symmetrie ist bereits in der 4. Klasse als Abbildung (Transformation) im Lehrplan verankert: *»einfache Figuren werden transformiert – spiegeln (klappen), verschieben, drehen«.*

Die Ebene als Punktmenge und die in ihr enthaltenen ebenen geometrischen Objekte als Punkt- bzw. Teilmengen zu behandeln ist dann gerechtfertigt, wenn der Schüler dieser Abstraktion und ihren Folgerungen fähig ist. Er muß diskrete und kompakte Punktmengen, offene und geschlossene Punktmengen unterscheiden und die sich daraus ergebenden Vorteile (z. B. abgekürzte Schreibweise durch Benützen entsprechender Mengensymbolik hinsichtlich geometrischer Objekte) systematisch nutzen. Sicher kommt man in der Hauptschule auch ohne dieses Beiwerk ebensogut aus.

Es versteht sich von selbst, daß in diesem Zusammenhang auch die Vorbemerkungen zum Lehrplan sinngemäß bei der Durchführung eines Geometrieunterrichts beachtet werden müssen. Sie geben wertvolle Hinweise.

Geometrie in der 5. Jahrgangsstufe

Körper – Fläche – Linie – Punkt

Im Mittelpunkt: Gegenstände aus der Umwelt des Schülers

Wie in der Einführung dargestellt, steht der natürliche Umgebungsraum des Schülers, die Betrachtung der darin sich befindlichen Gegenstände im Vordergrund. Vornehmlich gilt es dabei, geometrische Eigenschaften und geometrische Beziehungen dieser Gegenstände selbst wie auch untereinander (z. B. bezüglich eines Klassifizierens dieser Gegenstände) herauszuarbeiten, d. h. Erfahrungen über solche Eigenschaften und Beziehungen zu erwerben, auf die sich die in der Geometrie zu vollziehenden Abstraktionsschritte zur Erarbeitung mathematisch-geographischer Begriffe aufbauen.

Der Schüler vergleicht und unterscheidet Körper anhand ihrer geometrischen Eigenschaften: z. B. würfelförmig, hat Ecken, hat genau 12 Kanten, usw. Am Körper wird anschließend der Begriff Fläche erarbeitet. Auf einer Fläche lernt er Linien, z. B. Begrenzungslinien, kennen und auch den Punkt.

All dieses Lernen hat propädeutischen Charakter. Nie wird aus Definitionen, wie z. B. »ein Quadrat ist ein Viereck, dessen Seiten gleich lang sind und dessen benachbarte Seiten aufeinander senkrecht stehen« Geometrie vorgestellt oder aufgebaut. Er lernt Eigenschaften kennen, wie z. B. »Ein Quadrat besitzt vier gleich lange Seiten«, er lernt den Unterschied zwischen dem Darstellen räumlicher Gegebenheiten als »Bild« und dem »geometrischen« Zeichnen auf einer ebenen Fläche. Letzteres fundiert den Umgang mit ebenen Flächenformen, mit Linien und Punkten in der Ebene. Ein Gitternetz in der Ebene dient zur Orientierung in dieser Ebene.

Umgekehrt sieht der Lehrplan auch vor, beim Schüler Verständnis dafür zu schaffen, daß geometrische Objekte wiederum als Mengen von einzelnen Punkten gedeutet werden können. Die damit verbundenen Schnitt- und Vereinigungsmengenbildungen dienen zur Beschreibung »geometrischer Operationen«. (Die Verknüpfung zweier Elemente erzeugt ein neues Element; z. B. der Schnittpunkt zweier nicht paralleler Geraden ergibt einen Punkt, zwei voneinander verschiedene Punkte bestimmen eindeutig die zwischen ihnen liegende Strecke, usw).

Körper nach geometrischen Eigenschaften unterscheiden
Anfangsaufgabe des Geometrieunterrichts wird es sein, beim Schüler die Fähigkeit zu entwickeln, Körper nach geometrischen Eigenschaften zu unterscheiden, zu vergleichen, zu benennen und zu klassifizieren. Dazu werden etwa im Klassenraum Gegenstände oder auch Teile dieser Gegenstände nach Form und Eigenschaft untersucht (betastet, beschrieben, gezeigt).

Als Beispiele können dienen: der Tisch besteht aus einer quaderförmigen Tischplatte und vier quaderförmigen Tischbeinen, die Kanten und Ecken der Platte sind leicht abgerundet, usw. Man wird in diesem Zusammenhang auch die »Formähnlichkeit« zu besprechen haben in dem Sinn, daß ein »echter« oder »idealer« Quader »ganz scharfe« Kanten und Ecken besitzt. Der Schüler soll stets bewußt mit solchen Abstraktionen vertraut gemacht werden. Hierfür geeignete charakteristische Körper sowie deren Modelle werden zweckmäßig zum Unterricht mitgebracht. Auch in guten (!) Darstellungen können abgebildete Gegenstände verglichen, unterschieden und benannt werden. Man achte dabei stets auf eine saubere, sachgerechte Sprechweise, z. B., die Tafel ist quaderförmig, der Globus hat die Gestalt einer Kugel, dieses Stuhlbein ist zylinderförmig, das Dach dort hat die Form eines Prismas, usw. Es versteht sich von selbst, daß im Unterricht auch die Umkehrung dieser Tätigkeit erfolgen muß, d. h., daß zu vorgegebenen geometrischen Eigenschaften zugehörige Gegenstände benannt und an ihnen die Eigenschaften gezeigt werden.

Modelle für Quader und Würfel
Für den Quader und Würfel wird man sowohl Kanten- wie auch Flächenmodelle dem Schüler vorstellen und auch nach entsprechenden Angaben herstellen lassen. Wie der Name schon sagt, werden mit dem Flächenmodell die Flächen eines Körpers zur Charakterisierung dieses Körpers herangezogen. Das »Netz« eines Würfels besteht aus sechs Quadraten. Es schult die Vorstellungskraft des Schülers, wenn aus dem in der Ebene ausgebreiteten Netz eines Würfels jene Faltvorgänge beschrieben werden müssen, die zum Flächenmodell des Würfels gehören, insbesondere wenn verschieden gestaltete Netzformen vorgelegt werden.

Das Netz eines Körpers steht ja in unmittelbarem Zusammenhang mit dem »Abdruck« seiner Flächen auf eine Ebene. Als besondere Eigenschaften dieser Flächen ergeben sich bei Würfel bzw. Quader die Deckungsgleichheit bestimmter Flächen, die sich experimentell durch Abdecken feststellen läßt. Schwieriger ist schon die Erstellung eines Netzes für eine Pyramide.

In diesem Zusammenhang werden weitere geometrische Eigenschaften erkannt: Es gibt ebene und gekrümmte Flächen. (Daß es unter letzteren abwickelbare wie beim Zylinder und nicht abwickelbare gekrümmte Flächen wie bei der Kugel gibt, übersteigt den Durchschnittsunterricht.) Lernzielkontrolle kann das Beschreiben von Körpern sein, von denen man eine Fläche etwa in Form eines Abdrucks vorgibt und zu dieser Flächenvorgabe mögliche zugehörige Körper sucht.

Das Fertigen einer Schrägbildskizze ist erst in der 6. Jahrgangsstufe im Lehrplan angesprochen. In der 5. Jahrgangsstufe soll der Schüler die Fähigkeit entwickeln, eine solche Darstellung zu deuten, wobei es einer besonderen Sorgfalt des Lehrers bedarf, den Zusammenhang zwischen dem räumlichen Körper und der flächenhaften Darstellung zu erklären.

Ebene Flächen an Körpern

Der Schüler hat durch gezielte Erfahrung gelernt, daß jeder Körper von Flächen umschlossen ist. Einige dieser Flächen haben die Eigenschaft, daß man von ihnen auf einem Zeichenblatt einen unmittelbaren Abdruck (z. B. durch Umfahren) erzeugen kann. Dies kann als Kriterium herangezogen werden, ob eine Fläche eben ist.

Es schließt sich die im Unterricht zu festigende Erkenntnis an, daß in der Ebene eine Fläche stets von einer geschlossenen Linie begrenzt ist. Damit ist der Übergang geschaffen zum »Zeichnen« in der Ebene, d. h. im Schulheft, auf der Tafel und auf dem Zeichenblatt.

Wiederholend und vertiefend werden Eigenschaften von Linien (geschlossen, offen, gerade, krumm, besitzt einen Kreuzungspunkt usw.) behandelt; die Begriffe Strecke, Quadrat und Rechteck sind schon im Zusammenhang mit den Netzen von Quader und Quadrat wiederholt worden. Der richtige Gebrauch von Geodreieck und auch Lineal wird fortwährend geübt.

Vorteilhaft für den Unterricht ist die Benützung von kariertem Papier als Gitternetz. Dieses dient zur Orientierung in dieser Zeichenebene, insbesondere zur Festlegung von Punkten, deren gegenseitiger Lage, die Gewährleistung einer gleichartigen Zeichnung aller Schüler der Klasse und damit leichtere Kontrolle für den Lehrer[2]. Der Punkt ergibt sich als Schnittpunkt zweier Strecken (z. B. der Gitterpunkt als Schnittpunkt zweier Gitterlinien) und schließlich als Anfangspunkt und Endpunkt einer (offenen) Linie, z. B. Strecke.

Das Gitternetz und seine Eigenschaften

Im Geodreieck entdeckt der Schüler wieder das Gitternetz mit seinen vielfältigen Eigenschaften, insbesondere dem Parallelsein und Senkrechtstehen entsprechender Gitterlinien. Natürlich wird der Lehrer diese grundlegenden Beziehungen zwischen zwei geraden Linien »aufeinander senkrecht stehen« ($a \perp b$) und »zueinander parallel sein« ($a \parallel b$) durch Faltübungen und Betrachtungen in der Umwelt vertiefend dem Schüler bewußtmachen. Aber schließlich muß die Fähigkeit erworben sein, insbesondere mit dem Geodreieck Grundaufgaben zeichnerisch zu bewältigen: Auf eine Gerade eine Senkrechte errichten; zu einer Geraden eine Parallele zeichnen; zu einer Geraden eine Parallele ziehen, die durch einen gegebenen Punkt führt; auf eine Gerade eine Senkrechte errichten, die durch einen gegebenen Punkt auf dieser

Geraden führt; auf einer Gerade eine Senkrechte errichten, die durch einen gegebenen Punkt führt.

Aus der Verbindung zweier Punkte A und B durch eine Strecke [AB] werden auch die weiteren geometrischen Objekte Gerade AB durch die Punkte A und B, Halbgerade [AB von A durch B bzw. Halbgerade [BA von B durch A entwickelt und voneinander unterschieden. In diesem Zusammenhang tritt dem Schüler eine Vielzahl neuer Symbole entgegen, die es zu unterscheiden gilt.

Kreis – Kreislinie

Als besondere geschlossene Linie lernt der Schüler ferner den Kreis kennen, sowie den Zirkel als Werkzeug zum Zeichnen von Kreisen benützen. In jedem Fall soll auf eine sorgfältige Ausführung der Zeichnungen geachtet werden. Auf Handhabung wie auch Pflege des Zirkels sollte ausführlich eingegangen werden. Die Eigenschaften der Kreislinie können beispielsweise anhand der Fragestellung, warum ist eine Zielscheibe kreisförmig und nicht quadratisch, gut herausgearbeitet werden.

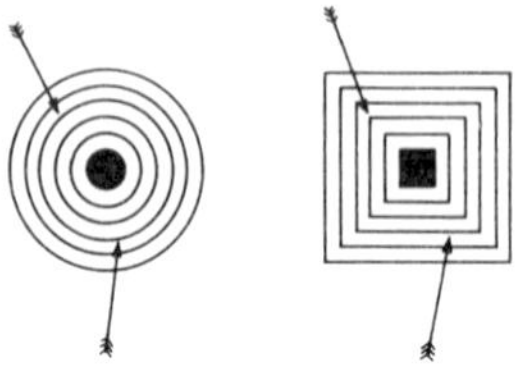

Die beiden Pfeile stecken in jeder Scheibe an derselben Stelle, besitzen aber auf beiden Scheiben verschiedene »Ring«-Zahlen.[3]

Mit der Handhabung des Zirkels und dem Zeichnen von Kreisen werden auch die Grundbegriffe Mittelpunkt, Radius und Durchmesser, Kreislinie und Kreisfläche eingeführt.

Strecken – Teilstrecken – Punkte

Zur Deutung geometrischer Objekte als Punktmengen kann man von einer Strecke [AB] ausgehen. Zunächst läßt man den Mittelpunkt dieser Strecke markieren. Dann teilt man die Strecke in zehn gleich lange Teilstrecken und läßt die Teilpunkte markieren. Durch Halbieren der Teilstrecken erhält man weitere Punkte auf dieser Strecke. Schließlich führt die Frage, ob man noch weitere Punkte auf [AB] einzeichnen kann und wie viele, dazu, daß die Strecke nicht nur als ein einziges geometrisches Objekt angesehen werden kann, sondern auch als Menge unendlich vieler Punkte.

Im Gegensatz zu dieser »dicht« liegenden Punktmenge bilden die Gitterpunkte in einem Gitternetz eine Menge von voneinander getrennten d. h. diskret liegenden Punkten.

Betrachten wir einen bestimmten Ring der konzentrischen Ringe einer Zielscheibe (vgl. obige Zeichnung), so kann man sich viele »Treffpunkte« auf diesem Ring vorstellen und so den Ring wieder als Punktmenge deuten.

Schnittmengen, Vereinigungsmengen und Teilmengen solcher Punktmengen sollen aber nur beschrieben oder beispielsweise farbig markiert werden, müssen jedoch in der Hauptschule nicht mit Hilfe von Mengensymbolen dargestellt werden.

Verschiebung – Strecke; Drehung – Winkel; Klappen – Symmetrie

Verschieben, Drehen und Klappen (Falten, Spiegeln)
sind die wichtigsten Abbildungen im Geometrieunterricht der Hauptschule. Sie erweisen sich als geometrische Operatoren, die ein geometrisches Objekt von einer Ausgangslage (Originalfigur) in eine Endlage (Bildfigur) überführen. Auch formal könnte man diese Abbildungen ähnlich wie in der Arithmetik als Operatoren in einer Tabelle darstellen, etwa:

—(1 R, 2 H)→

vorher	nachher
A (3|4)	A' (4|6)
B (2|1)	B' (3|3)
C (5|1)	C' (6|3)
.....	.....

Der Operator —(1 R, 2 H)→ (gesprochen: 1 Schritt rechts, 2 Schritt hoch) beschreibt die Bewegungsvorschrift für eine Verschiebung jedes gegebenen Punktes (im Gitternetz) in der Form ein Schritt rechts (1 R) und zwei Schritte hoch (2 H).

In gleicher Weise können auch entsprechende Drehungen und Achsspiegelungen angeschrieben werden und folgende drei Aufgabenstellungen behandelt werden: Bei gegebenem Operator ist zu jedem Originalpunkt der Bildpunkt zu bestimmen, oder aus einer Folge von Originalpunkten und Bildpunkten ist der Operator zu bestimmen, oder aus Operator und gegebenem Bildpunkt ist der Originalpunkt zu bestimmen.

Verschiebungen bilden die zunächst einfachsten Abbildungen, auf die es sich sicher lohnt nochmals insbesondere zur Vertiefung der Bedeutung des Gitternetzes (Rechts- und Hochwert von Punkten) einzugehen.

Der Begriff der »Länge«
Zum 1. Thema »Verschiebung – Strecke« bauen die Schüler auf Kenntnissen auf, die sie in der Grundschule erworben haben. Ausgangspunkt der Betrachtungsweisen ist das Erkennen und Finden von gegenständlichen Repräsentanten, die die Eigenschaft »Länge« charakteristisch besitzen, wie z. B. Stab, Tischkante, Schnur usw. Die Einsicht in den Vorgang des Messens und die Erarbeitung des Begriffs Länge geschehen stufenweise.

Zunächst werden Gegenstände unmittelbar verglichen (»Die Kreide ist kürzer als der Bleistift«. »Die beiden Stäbe passen genau aufeinander« usw.).

Dem Vergleich mit mehreren gleich langen Repräsentanten (»Der Stab ist so lang wie vier Kugelschreiber«) folgt der mittelbare Vergleich mit einem Repräsentanten, der hintereinander angelegt wird. Sodann wird der Maßstab mit willkürlicher und konventioneller Maßeinheit vorgestellt. Seine Skala wird durch Bilden neuer Maßeinheiten verfeinert bzw. vergröbert. Parallel zum Meßvorgang sollte auch immer das Schätzen geübt werden.

Der Abstand zwischen zwei Punkten wird durch die Länge eines geeigneten Repräsentanten, z. B. gespannte Schnur, vorgestellt. Darauf baut der abstrakte Begriff der Strecke auf. Sie soll nicht durch Definition eingeführt werden. Die zu messende Größe des betrachteten Gegenstands oder der Strecke ist die Länge bzw. der Abstand. Gegenstand wie Strecke haben die Eigenschaft, so und so lang zu sein.

In der Ebene (Heftseite oder Zeichenblock) zeichnen wir Strecken mit dem Lineal oder Geodreieck. Beide Zeichengeräte dienen uns gleichzeitig als Längenmeßgerät, d. h. Maßstab. Das Zusammensetzen von Strecken zu Streckenzügen vertieft die Begriffe Strecke und Länge. Als spezielle, geschlossene Streckenzüge erweisen sich die Umfänge geradlinig begrenzter Flächen wie Dreieck, Quadrat usw. Der »Abstand« zwischen Punkt und Geraden oder zwischen zwei Geraden bedarf grundsätzlich der Festsetzung durch Definition, da dieser Begriff zunächst nur als »Abstand zwischen zwei Punkten«, als Länge ihrer Verbindungsstrecke, eingeführt wurde.

Der Winkelbegriff
wird innerhalb des 2. Themas »Drehung-Winkel« anhand konkreter Drehungen eingeführt. Man kann die Drehung sehr wohl auch im Gitternetz als Bewegung charakterisieren und zeichnen lassen, wenn man einen Weg etwa folgendermaßen beschreibt:

Fritz sieht zuerst nach Osten, er geht nunmehr drei Schritte, dann macht er eine Vierteldrehung nach links und geht nochmals zwei Schritte.

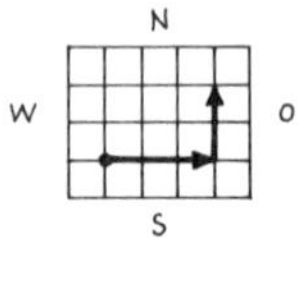

Daneben können wir Drehungen sehr gut als Operatoren auch symbolisieren, z. B. mit 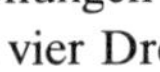 für »mache eine Vierteldrehung nach links«. Wir können diese Drehungen auch verknüpfen etwa 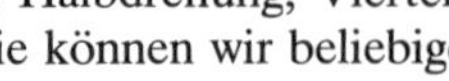 usw.
Über die vier Drehungen Volldrehung, Halbdrehung, Vierteldrehung und Achteldrehung stellt sich die Frage: Wie können wir beliebige Drehungen messen bzw. anderen mitteilen? Es kommt die Bedeutung des Drehpunktes zur Sprache und die Tatsache, daß Anfangs- und Endrichtung und somit auch der Drehwinkel stets gleich bleiben, wenn man den Drehkreis, auf dem man die Drehbewegung ausführt, vergrößert oder verkleinert. (Ein großer Winkelmesser und ein kleiner Winkelmesser haben denselben Meßbereich!)

Das Messen von Winkeln läßt sich besonders gut mit der dem Schüler vertrauten bekannten Längenmessung vergleichen:

Längenmessung
Zum Messen von Längen verwenden wir das Längenmaß cm (Zentimeter). Die Länge der Strecke [AB], d. h. der Abstand zwischen A und B, beträgt 4 cm.

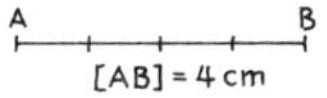

Winkelmessung
Zum Messen von Winkeln verwenden wir das Winkelmaß ° (Grad).
Die Größe der Vierteldrehung, d. h. der Winkel zwischen a und b, beträgt 90°.

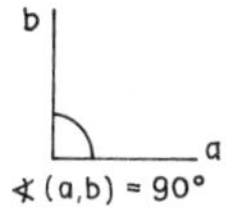

An das Messen von Winkeln, die Einführung der Begriffe spitzer, rechter, stumpfer, gestreckter und überstumpfer Winkel schließt sich das Antragen von Winkeln an. Das Geodreieck dient als Winkelmesser. Neben dem Gitternetz des Geodreiecks findet man auf seinem Umfang die Richtungen der Winkel zwischen Nullgrad und 180 Grad angegeben, doch sollte man die Beziehung zu dem meist auch auf dem Geodreieck vorgezeichneten Drehkreis in seinem Innern aufzeigen.

Symmetrie
Zur Einsicht in das Wesen der ebenen Symmetrie (3. Thema: »Klappen-Symmetrie«) ist erfahrungsgemäß der Klapp- oder Faltvorgang am besten geeignet. Die Verwendung eines Spiegels ist problematisch. Man erhält dabei ja ein virtuelles Bild. Auch eine mögliche Verwendung der Begriffe Spiegelbild oder Spiegelachse rechtfertigt nicht den Einsatz eines Spiegels bei der Einführung. Das Falten von Papier, das Erzeugen symmetrischer Figuren durch »Durchstechen«, das Erkennen von Gesetzmäßigkeiten usw. ist ein reiches Experimentierfeld.

Zum Einstieg eignen sich auch praktische Situationen in unserer Umwelt. (Man lasse Ursachen und Folgen beschreiben):

Zwei Kofferträger mit 2 gleich schweren (gleich verteilten) und 2 verschieden schweren (ungleich verteilten) Lasten.

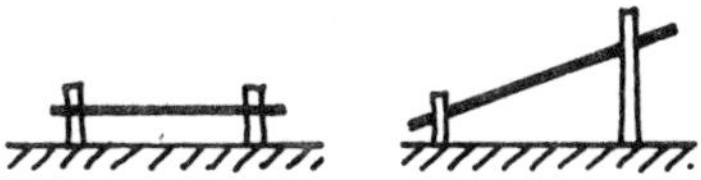

2 gleich große und 2 verschieden große Räder sind mit einer Achse verbunden.

Gleichgewicht und Ungleichgewicht

Gleiche und verschiedene Spielfeldhälften

An Falt- und Klappübungen schließt sich die Aufgabe an, wie man bei gegebener Symmetrieachse zu einer Figur die dazu symmetrische Figur »konstruieren« kann, wie man symmetrische Figuren, von denen nur die eine Hälfte gezeichnet ist, zur vollständigen symmetrischen Figur vervollständigen kann. Vorgegebene Figuren sind zu untersuchen, ob sie Symmetrieachsen besitzen.

Flächeninhalt

Messen und Vergleichen von Flächeninhalten

Über die einer Handlung bzw. Beobachtung zugängliche Beziehung (Relation) ». . . ist deckungsgleich mit . . .« bzw. ». . . ist zerlegungsgleich zu . . .« wird der Begriff Flächeninhalt als Eigenschaft ebener, rechteckiger Flächen eingeführt.

Das Messen von Flächeninhalten geschieht durch Auslegen mit willkürlichen und konventionellen Flächen (Meßquadraten). Die Bestimmung der Anzahl der benützten Meßquadrate führt zum Berechnen des Flächeninhalts von Rechtecksflächen aus den Längenmaßen von Länge und Breite des Rechtecks. Die Einsicht in den Unterschied zwischen Rechtecksumfang (Länge eines Streckenzuges) und Rechtecksinhalt (Flächeninhalt) ist sorgfältig zu vertiefen.

Der Schüler hat die Fähigkeit zu entwickeln, Flächeninhalte je zweier ebener Flächen miteinander vergleichen zu können, eine Rechtecksfläche aus ihrer Länge und Breite berechnen zu können, mit den gebräuchlichen Flächenmaßen umgehen zu können und eventuell noch den Flächeninhalt beliebiger ebener Flächen mittels kariertem oder Millimeter-Papier näherungsweise bestimmen zu können.

Ausmessen durch Meßquadrate

Über verschiedenste Auslegeübungen wird die Einsicht in die Festlegung vermittelt, daß Flächen, die deckungs- oder zerlegungsgleich sind, den gleichen Flächeninhalt besitzen. Mittels gleichgroßer Gitterquadrate kann man Flächen auslegen, d. h. messen. Offenbar muß man aber noch über die Größe der benützten Quadrate Bescheid wissen. Daher benützt man zum Messen von Flächen sogenannte Meßquadrate, z. B. ein Quadrat mit 1 cm Kantenlänge. Um den Flächeninhalt einer Fläche zu messen, stellt man durch Auslegen fest, wieviel Meßquadrate genau auf diese Fläche passen. Als Meßquadrate wählen wir solche, deren Kanten 1 km, 1 m, 1 dm, 1 cm oder 1 mm lang sind. Die Flächeninhalte dieser Meßquadrate heißen 1 km^2, 1 m^2, 1 dm^2, 1 cm^2 bzw. 1 mm^2. Die Schüler suchen in ihrer Umgebung Flächen (Quadrate), die so groß sind wie diese Meßquadrate. Dies dient insbesondere zu einem allmählichen verbesserten Schätzen von unbekannten Flächeninhalten.

Flächeninhaltsberechnung
Flächeninhalte von Rechtecken können nicht nur gemessen, sondern auch berechnet werden. Dazu betrachten wir die Meßquadrate an einer Rechteckseite. Diese bilden einen sogenannten Streifen, z. B. der Streifen besteht aus vier Meßquadraten von je 1 cm^2. Der Flächeninhalt eines Streifens beträgt daher 4 cm^2. Wird das ganze Rechteck von drei Streifen bedeckt, so beträgt der Flächeninhalt des Rechtecks $3 \cdot 4\ cm^2 = 12\ cm^2$. Diese Einführung zählt wohl immer noch zu den angemessensten dieser Altersstufe.

Eine Alternative dazu besteht darin, daß man die Anzahl der Meßquadrate durch Multiplikation der an den beiden Rechtecksseiten anliegenden Quadratanzahlen bestimmt. Länge und Breite eines Rechtecks legen eindeutig ein Rechteck und damit dessen Flächeninhalt fest. Aus der Längen- und Breitenangabe lassen sich die Anzahlen der dort anliegenden Meßquadrate (gleiche Benennung!) bestimmen.

Für den Flächeninhalt eines Rechtsecks (Quadrat) schreiben wir kürzer A_R (A_Q). (A kommt von dem Wort area, d. h. Fläche.) Durch entsprechende Aufgaben sind der Flächeninhalt und der Umfang von Rechtecken voneinander abzuheben.

Aus der Definition der Meßquadrate ergibt sich die Umwandlungsmöglichkeit der Flächenmaße. Bevor man mit Größen in Kommaschreibweise rechnet, sind diese in solche ohne Komma umzuwandeln. Das bekannte Bündelhaus erweist sich hierbei als sehr hilfreich.

Zur näherungsweisen Bestimmung von Flächeninhalten wird die zu messende Fläche z. B. auf kariertes (oder auch Millimeter-)Papier gezeichnet. Es werden im Inneren und Äußeren der Figur längs Gitterlinien jene 2 geschlossenen Streckenzüge gezeichnet, die möglichst nahe am Figurenrand liegen, ohne diesen zu überschneiden. Die beiden geschlossenen Streckenzüge umschließen eine Fläche , die nur aus Rechtecken (Quadraten) zusammengesetzt ist und somit bezüglich ihres Flächeninhalts bestimmt werden kann. Der Mittelwert beider Flächeninhalte ist näherungsweise gleich dem gesuchten Flächeninhalt.

Geometrie in der 6. Jahrgangsstufe

Drehung und Parallelverschiebung

Wiederholung und Vertiefung
In diesem Themenkreis werden wesentliche Begriffe und Zusammenhänge aus der 5. Jahrgangsstufe wiederholt und vertieft. Obwohl die Parallelverschiebung gegenüber Drehung und Spiegelung die einfachste Abbildung in der Ebene ist, wird sie im Lehrplan der Orientierungsstufe als letzte aufgeführt. Es wird in ihr der Begriff Verschiebungspfeil herausgearbeitet. Ob die-

ser dann in der 7. Klasse weiter zum Vektorbegriff und dessen Anwendungen fortgeführt werden kann, wurde bisher offenbar »curricular« weder von der Möglichkeit her noch vom Verständnis der Schüler her überdacht.

Drehung – Drehpunkt – Drehwinkel
Bei Drehungen spricht man (im Sinne des Operators) zweckmäßig von Ausgangs- und Endlage des gedrehten Objekts. So werden die Begriffe Drehung, Drehpunkt, Drehwinkel zunächst an Vorgängen in unserer Umwelt erkannt, beschrieben und wenn möglich auch schon dargestellt. Das Drehen von Scheiben, Rädern, die Bewegung der Uhrzeiger, die Richtungsänderung des Windes usw. sind gängige Einführungsmöglichkeiten.

Der Schüler wird mit Geodreieck bzw. Winkelmesser sowohl Winkel messen als auch gegebene Winkel antragen. Hier bietet sich ein reiches Feld von Zeichenübungen an. Bei dieser Gelegenheit kann die Erkenntnis Fuß fassen, daß beim Vergrößern oder Verkleinern einer Zeichnung die vorkommenden Winkel sich nicht ändern.

Breiteren Raum im Unterricht wird die Drehung als Bewegung einnehmen. Dazu schneidet man sich beispielsweise einen Papierstreifen, in dem drei Muster (z. B. Quadrat, Dreieck, Stern) ausgeschnitten sind.

Heftet man den Streifen mit einer Nadel auf ein Blatt Papier, so kann man die Umrisse der durch die Muster vorgegebenen Figuren nachzeichnen. Durch Drehen des Streifens kann man die Figuren in immer neuen Drehlagen abzeichnen und so die Drehbewegung anschaulich verfolgen. Man erkennt, daß Punkte sich stets auf Kreisbahnen um denselben Drehpunkt bewegen.

Vertiefend sind bereits Aufgaben, die eine Anfangslage und eine Endlage einer gedrehten Figur wiedergeben, und es ist Drehpunkt und Drehwinkel zu bestimmen (möglichst nur Halb- oder Vierteldrehungen dabei verwenden). Schließlich werden Figuren in ihrer Ausgangslage z. B. durch entsprechende Gitterpunkte im Gitternetz festgelegt, weiterhin der Drehpunkt. Nach Vorgabe eines Drehwinkels (Rechts- oder Linksdrehung beachten!) soll dann die gedrehte Figur, also die Endlage der Figur, die Bildfigur gezeichnet werden. Dabei können zur Kenntlichmachung der Drehbewegung entsprechende Kreisbogenbahnen mit in die Zeichnung aufgenommen werden. (Die zweckmäßige Handhabung des Zirkels ist dem Schüler von früheren Klassen her bekannt.)

Parallelverschiebung
Zur Vorbereitung, Wiederholung und Vertiefung der Parallelverschiebung wird man zweckmäßigerweise zunächst die Begriffe Gerade, Strecke, senkrecht und parallel wiederholen; dabei Geodreieck und Lineal als Zeichengerät einsetzen. Bei der Formulierung von Aufgaben ist die Verwendung der

in der 5. Klasse gelernten Symbole (⊥ , ∥ , [AB], AB, $\overline{AB}$, [AB, usw.) zweckdienlich. Doch zeigt sich oft auch die Entbehrlichkeit dieser Symbolvielfalt.

Man wird in der 6. Jahrgangsstufe nicht nur einen Punkt verschieben, sondern gleich eine ganze Figur, so daß hierdurch Ornamente entstehen. Die Verschiebung eines Kreises, eines Quadrats oder eines Dreiecks immer wieder um jeweils gleich lange Strecken läßt interessante Ziermuster zu, die dann auch farbig gestaltet werden können. Umgekehrt soll aus einem gegebenen Ornament auch dessen Entstehung aus einer Grundfigur durch fortwährendes Verschieben gefunden werden. Die einheitliche Durchführung von Verschiebungen in der Klasse kann mit Hilfe von Punkt- bzw. Figurvorgaben im Gitternetz bewerkstelligt werden.

Durch Vorgabe eines Anfangs- und Endpunkts einer Verschiebung kann eine Verschiebung bereits eindeutig festgelegt werden. Die Verbindungsstrecke zwischen diesen beiden Punkten gibt über die Länge der Verschiebung Auskunft, aber noch nicht über deren Richtung. Dazu benötigt man den sogenannten Verschiebungspfeil, der einen Originalpunkt mit seinem Bildpunkt gerichtet verbindet. Die Vorgabe eines Verschiebungspfeils definiert eine ganz bestimmte Verschiebung. Man kann nun zu diesem Verschiebungspfeil eine Figur angeben, die dieser Verschiebung unterworfen werden soll. Die Tatsache, daß die Verschiebung ein geometrischer Operator ist, läßt den Verschiebungsvorgang einfacher symbolisieren durch:

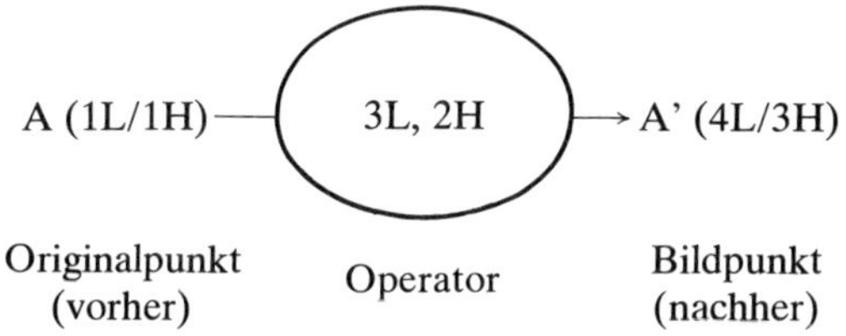

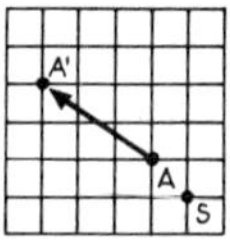

Oberfläche und Rauminhalt eines Quaders

Wiederholung: Flächenmessung – Flächenberechnung

Der Einstieg in diesen Themenkreis wird zweckmäßig über eine Wiederholung der in der 5. Jahrgangsstufe behandelten Begriffe der Flächenmessung und Flächenberechnung erfolgen wie auch der Erstellung von Kanten- und Flächenmodellen eines Quaders. Im Anschluß an diese Modelle sollte der Schüler auch eine Einsicht erhalten, wie man ein Schrägbild eines Quaders zeichnen kann, wie sich dabei die gezeichneten Flächen zu den wirklichen Flächen verhalten.

Das Flächenmodell liefert das Netz des Quaders und damit seine Oberfläche, die aus drei paarweise gleich großen Rechtecken besteht. Mit Hilfe dieser sechs rechteckigen Begrenzungsflächen können Quader auch klassifiziert werden in solche mit quadratischer Grundfläche, in Würfel und in allgemeine Quader.

Die Berechnung der Oberfläche erfolgt über die Berechnung der Grundfläche und damit auch Deckfläche, sowie der vier Seitenflächen. Eine formelmäßige, automatische Berechnung der Oberfläche sollte nicht Gegenstand des Unterrichts sein.

Messen und Berechnen des Rauminhalts von Quadern

Analog der Messung und Berechnung von Flächeninhalten der 5. Jahrgangsstufe wird in der 6. Klasse das Messen und Berechnen von Rauminhalten von Quadern behandelt. Man läßt aus kleinen Würfeln – zweckmäßigerweise benützt man gleich große Meßwürfel von z. B. 1 cm (oder auch 1 dm) Kantenlänge – große Würfel oder Quader aufbauen. Aus gleich vielen und gleich großen Würfeln lassen sich aber verschiedene Quaderformen (mit verschiedener Länge, Breite oder Höhe) herstellen. Offenbar kann man beispielsweise aus der Summe Länge plus Breite plus Höhe eines Quaders oder auch aus dessen Oberfläche noch nicht auf seinen Rauminhalt schließen.

Quader besitzen denselben Rauminhalt, wenn sie mit derselben Anzahl gleich großer Würfel aufgebaut werden können (das ist eine Festlegung!). Die Anzahl dieser Würfel ist somit ein Maß für den Rauminhalt des Quaders. Wir füllen z. B. eine quaderförmige Schachtel mit unseren Meßwürfeln aus. Zuerst belegen wir die unterste Schicht, dabei legen wir erst eine Reihe Würfel entlang der Längsseite und legen dann alle weiteren Längsreihen aus, bis die Bodenschicht fertig ist. Wir vergleichen die Anzahl der Längsreihen mit der Breitseite und fragen nach der Anzahl der Würfel in der Bodenschicht. Der Schüler wird prüfen, ob dieselbe Anzahl von Würfeln in die Bodenschicht paßt, wenn er mit der Breitseite beginnt. Schließlich werden so lange Schichten wiederholt übereinandergelegt, bis die Schachtel vollständig mit Würfeln ausgefüllt ist. Der Schüler vergleicht die Anzahl der Schichten mit der Höhe des Quaders. Er kann schließlich feststellen, wie viele Würfel seine Schachtel insgesamt faßt.

Aus einer Tabelle für verschiedene Quaderauslegungen wird er auf den Zusammenhang zwischen Länge, Breite, Höhe und Rauminhalt eines

Maße des Quaders			Anzahl der Zentimeter			Zahl der Schichten	Gesamtzahl der Zentimeterwürfel
Länge	Breite	Höhe	in der Länge	in der Breite	je Schicht		
12 cm	6 cm	4 cm	12	6	72	4	288
...	...	...	...	...	...	...	...

Quaders geführt. Vom Meßvorgang wird übergegangen zum Berechnungsvorgang eines Quaders, an dessen Ende die Formel stehen kann:

$V_Q = l \cdot b \cdot h$. Die Formel sollte keineswegs das Verständnis und die Bestimmung des Rauminhalts über den Schichtenaufbau des Quaders verdrängen.

Berechnungen des Rauminhalts von Körpern, die sich aus Quadern zusammensetzen lassen, vertiefen diesen Lernstoff. Als Meßwürfel werden wiederum solche mit den Kantenlängen 1 mm, 1 cm, 1 dm und 1 m verwendet. Hieraus ergeben sich die entsprechenden Raummaße 1 mm^3, 1 cm^3, 1 dm^3 und 1 m^3 und auch deren gegenseitige Umrechnung. Für die Umrechnung ist das bekannte Bündelhaus eine bewährte Hilfe. Keinesfalls dürfen entsprechende Sachaufgaben fehlen. Auch wird die Volumenbestimmung eines Körpers durch Eintauchen in ein geeichtes, mit Wasser gefülltes Gefäß behandelt werden.

Anmerkungen

1 Vgl. A. Kriegelstein, Der Mathematikunterricht in der Grundschule, Seite 65 ff.

2 Ebd., Seite 81 ff.

3 Dieses Beispiel wie auch andere für den praktischen Unterricht sehr wertvolle Beispiele ist dem Schulbuch »Bausteine der Mathematik« entnommen.

Johann Huber

Der Bereich der Größen

Die Behandlung von Größen im Grundschulbereich

In der Grundschule wurden bereits folgende Lernziele bearbeitet:

Lehrplan für die 1. Jahrgangsstufe

Einblick in die Währung (5.1)
Fähigkeit, mit den Größen DM und Pf zu rechnen und die Ergebnisse schriftlich darzustellen (5.2)

Lehrplan für die 2. Jahrgangsstufe

Fähigkeit, Längen mit selbstgewählten Maßeinheiten zu messen (5.1)
Fähigkeit, Längen mit den Maßeinheiten m, dm und cm zu messen (5.2)
Einsicht, daß Zeitspannen gemessen werden können (7.1)
Fähigkeit, Uhrzeiten zu bestimmen (7.2)

Lehrplan für die 3. Jahrgangsstufe

Fähigkeit, Längen mit konventionellen Maßeinheiten zu messen (8.1)
Kenntnis der Beziehungen zwischen den Maßeinheiten mm – cm – dm –m, m – km, g – kg, kg – t, l – hl und zwischen den Zeiteinheiten (8.2)
Fähigkeit, Größen umzurechnen, zu addieren und zu subtrahieren (8.3)

Lehrplan für die 4. Jahrgangsstufe

Fähigkeit, behandelte Größen in Kommaschreibweise darzustellen und zu lesen (2.)

In der 5. und 6. Jahrgangsstufe kommen die Flächeninhalte dazu.

Größen und ihre Repräsentanten

Die herkömmliche Didaktik hatte das Schwergewicht auf die Einführung und das Rechnen mit Einheiten gelegt. Die jeweiligen Maße wurden als die Größen selbst gesehen.

Dabei wurde die Unterscheidung einer Größe von ihren Repräsentanten kaum beachtet. Die moderne Didaktik mißt dieser Unterscheidung jedoch eine fundamentale Bedeutung zu. Die folgende Tabelle verdeutlicht den Zusammenhang von Größen und ihren Repräsentanten (Griesel):

Größen	Längen	Flächen-inhalte	Volu-mina	Ge-wichte (Massen)	Zeit-spannen	Geldwerte
Reprä-sentan-ten von Größen	Strecken Stäbe Kanten Strecken-züge Kurven	Flächen	Körper	Körper	Vorgänge Abläufe	Mengen von Geld-stücken oder -scheinen

Begründung der Repräsentantenbereiche für die Didaktik der Mathematik:

- Repräsentanten sind anschaulich vorstellbar und lassen ein effektives Operieren zu.
- Einsichten in allgemeine Zusammenhänge sind leichter zu gewinnen.
- In Sachaufgaben haben wir es immer mit Repräsentanten und ihren Größen zu tun. Meist ist die Größe eines anderen Repräsentanten gesucht.

Das Messen von Größen

Lernziele im Bereich des Messens

Fähigkeit im Schätzen und Messen von Größen
Schätzen ist ein Vorgang, der durch Üben präzisiert werden kann. Als Einstieg kann man von bildlichen Darstellungen ausgehen (Sportstadion, Vogelschwarm . . .), oder man übt an vorhandenen Objekten und Personen (Größe und Gewicht eines Schülers, Alter von Gebäuden und Personen, Geschwindigkeit von Fahrzeugen, Weitsprung von Mitschülern, Länge und Breite von Räumen . . .). Beim Schätzen kann man unter oder über der wirklichen »Größe« bleiben. Man kann das Schätzen durch die Angabe einer unteren und oberen Schranke erleichtern.

Einsicht in die Abhängigkeit der Maßzahl von der gewählten Einheit
Größen können als Produkt aus einer natürlichen Zahl oder einer Bruchzahl und einer Maßeinheit verstanden werden.

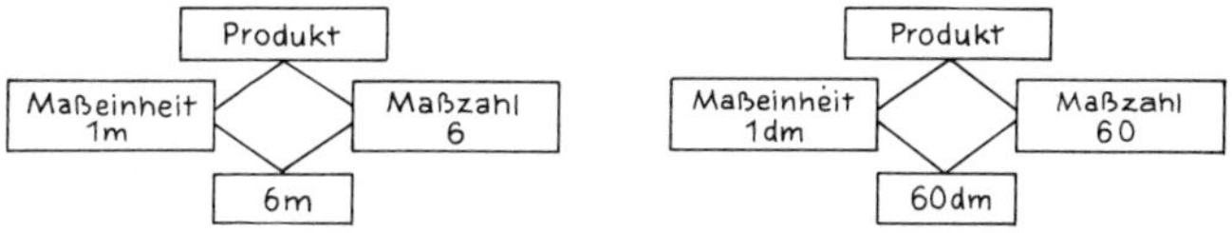

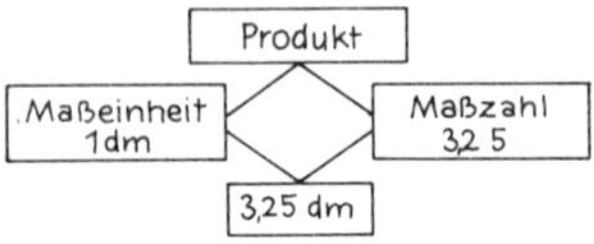

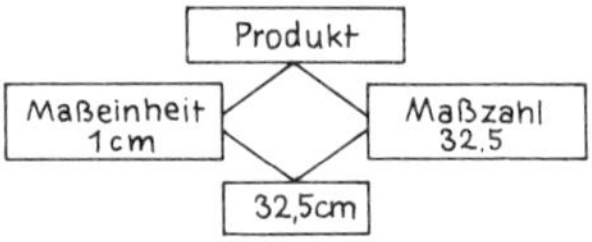

Durch Gegenüberstellung kann die Abhängigkeit der Maßzahl von der gewählten Einheit verdeutlicht werden. Diese Einsicht erfährt eine Vertiefung, wenn in verschiedenen Größenbereichen Vergleiche vorgenommen werden.

Fähigkeit, beim Messen die geeignete Einheit zu wählen
Ordnen nach Größenbereichen

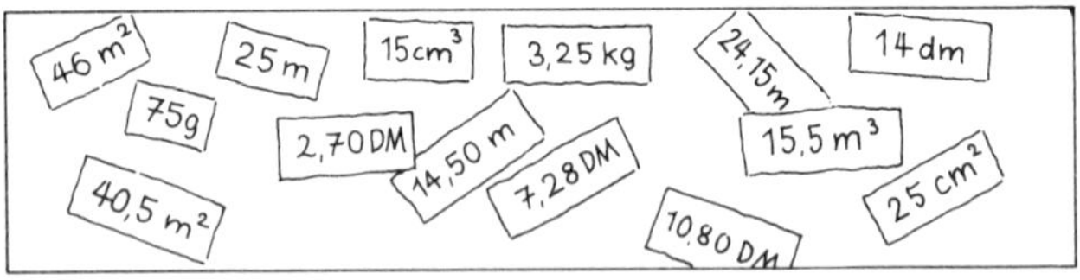

Die Schüler sollen zu einem Sachproblem den richtigen Größenbereich angeben können.

Preise	Gewichte	Längen	Flächeninhalte	Volumina

Auswahl der geeigneten Einheit

km	dm	
		mm
m	cm	

km²	ha	dm²	
			mm²
m²	a	cm²	

Es sollen gemessen werden:

Länge des Klassenzimmers	Flächeninhalt des Klassenzimmers . . . .
Länge des Bildrahmens	Flächeninhalt des Bildes . . . .

Einsicht, daß Messungen nur beschränkte Genauigkeit haben und daher Maßzahlen nur Näherungscharakter besitzen

Die Schüler sollen Größenangaben nur als Näherungswerte verstehen. Durch eine jeweils weitere Stelle nach dem Komma wird die Meßgenauigkeit vergrößert. Wenn es sich bei einer Größenangabe um das Ergebnis einer Messung handelt, dürfen nicht beliebig Nullen angefügt werden.

$4{,}35\ \text{m} = \{x \mid 4{,}345 \leq x < 4{,}355\}$ $\quad$ $4{,}350\ \text{m} = \{x \mid 4{,}3495 \leq x < 4{,}3505\}$

Im Hauptschulbereich geht es um das Verständnis für die Meßgenauigkeit, nicht aber um die Bestimmung von Fehlerintervallen.

Bei der Multiplikation von Dezimalzahlen sollte das Produkt nur die Dezimalstellengenauigkeit aufweisen, die der Faktor mit der höchsten Dezimalstellengenauigkeit hat.

Der Begriff des Messens

Hermann Maier unterscheidet zwischen drei Formen des Messens:

Messen als Vergleich von Größenrepräsentanten

Durch den Vergleich von Größenrepräsentanten wird eine Maßzahl gefunden:

- Kleinere Strecken werden auf eine größere abgetragen.
- Flächeninhalte werden mit einer Auslegefläche verglichen.
- Größere Körper werden mit kleineren ausgefüllt.
- Gewichte werden durch Zusammensetzen kleinerer Gewichtseinheiten ausgewogen.
- Zeit wird durch gleich ablaufende Vorgänge unterteilt.

Kennzeichen: direkter Vergleich zweier Größen
Bestimmung einer Maßzahl, die eine Größe zur anderen in Beziehung setzt

Ergebnis: Formulierung als Ordnungsrelation zwischen den Repräsentanten der Größen

Die substantiellen Zusammenhänge verdeutlicht die Übersicht (Griesel) auf Seite 90.

Bevor man im Unterricht konventionelle Einheiten einführt, sollte man selbstgewählte oder willkürliche Einheiten verwenden. An geeigneten Beispielen ist die Notwendigkeit konventioneller Einheiten aufzuzeigen und zu begründen.

Selbstgewählte Maßeinheiten

Längen	Stablängen, Kantenlängen, Länge des Bleistifts, des Zeichenstabs, des Lineals, des Filzstifts ...
Flächeninhalte	Der Flächeninhalt der Fläche eines Schulheftes, einer Postkarte, einer Spielkarte ... Zum Ausmessen sollte man auch dreieckige Flächen benützen (Mengenplättchen)
Volumina	Volumen einer Tasse, eines Bechers ...
Gewichte	Das Gewicht von Steinen, Nägeln ...
Zeitspannen	Dauer des Durchlaufens von Sand bei einer Sanduhr, Dauer des Füllens eines Glases ...
Geldwerte	Der Wert eines Tischtennisballes, eines Taschenmessers, von Muscheln ...

Substantielle Zusammenhänge

Größen	Repräsentanten	Ordnungsrelation	Kehrrelation der Ordnungsrelation
Längen	Strecken (Stäbe . . .)	ist kürzer als	ist länger als
Flächen-inhalte	Flächen	hat einen kleineren Flächeninhalt als, hat weniger Fläche als	hat einen größeren Flächeninhalt als, hat mehr Fläche als
Volumina	Körper	hat ein kleineres Volumen als, hat weniger Volumen als	hat ein größeres Volumen als, hat mehr Volumen als
Gewichte (Massen)	Körper	ist leichter als	ist schwerer als
Zeit-spannen	Vorgänge, Abläufe	dauert kürzer als	dauert länger als
Geldwerte	Mengen von Geldstücken oder -scheinen	ist weniger wert als	ist mehr wert als

Maßeinheiten: selbstgewählt oder konventionell

Konventionelle Maßeinheiten
Hier kann auf eine Aufzählung verzichtet werden, auf einige Änderungen sei jedoch hingewiesen:

Gewichte Seit der letzten Maßeinheitskonferenz ist die Größeneinheit »Doppelzentner (dz)« nicht mehr zulässig.
Als neue Bezeichnung wird »Dezitonne (dt)« eingeführt.

Flächeninhalte Die Formel für die Berechnung rechteckiger Flächen geht auch jetzt noch von der Streifenvorstellung aus, rückt aber bei der Berechnung davon ab.

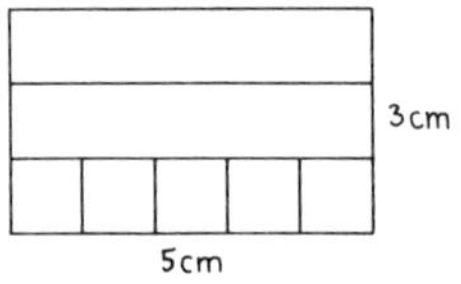

Die Einsicht, daß Größen als Produkt aus natürlichen Zahlen und Maßeinheiten zu verstehen sind, kann die Berechnung verdeutlichen.

Auf konkreter Ebene wird erklärt: $5\ cm^2 \cdot 3 = 15\ cm^2$

Berechnung: $A_R = l \cdot b \quad A_R = 5\ cm \cdot 3\ cm$

$$\frac{5\ \text{cm} \cdot 3\ \text{cm}}{}$$

$$5\ \text{cm} = 5 \cdot 1\ \text{cm} \qquad 3\ \text{cm} = 3 \cdot 1\ \text{cm}$$

$$5 \cdot 1\ \text{cm} \quad \cdot \quad 3 \cdot 1\ \text{cm} \quad =$$

$$(5 \cdot 3) \quad \cdot \quad \underbrace{(1\ \text{cm} \cdot 1\ \text{cm})}_{\text{cm}^2} = 15\ \text{cm}^2$$

Messen als Division numerischer Größenangaben
Hier wird Messen als eine Division von Größen gleicher Einheit verstanden.
45 l : 9 l = 5 (mal) 24 m : 6 m = 4 (mal) . . .

Messen als Division von Anzahlen gleicher Gegenstände
Karl-Heinz besitzt 28 Bonbons. Täglich ißt er 4 Stück. Wie lange reicht er?
28 (Bonbons) : 4 (Bonbons) = 7 (Tage)

Didaktische Folgerungen

- Nur das physikalische Messen kann mathematisch-didaktisch als lupenreiner Meßvorgang bezeichnet werden.
- Für die beiden anderen Meßvorgänge wird der Begriff des Messens oder Aufteilens nur auf der Ebene des konkreten Handelns verwendet, ansonsten werden diese Operationen als Divisionen behandelt.
- Die Größenbezeichnungen werden beim Ansetzen der Gleichung und bei der Sachausprägung intensiv geklärt, beim Ausrechnen (»Nebenrechnungen«) können sie wegbleiben.

Einige Didaktiker verzichten sowohl im Ansatz wie in der Ausrechnung auf Größenbezeichnungen (Benennungen). Diese Überlegungen berücksichtigen bereits eine mögliche Verwendung des Taschenrechners auch in der Hauptschule.

Größenbezeichnungen im Rechenplan
Aufgabe: »Herr Gruber fährt täglich nach Augsburg (Entfernung: 42 km). Seine Firma ersetzt ihm pro gefahrenen km 32 Pf. Was bekommt er in einer Woche (fünf Arbeitstage) ersetzt?«

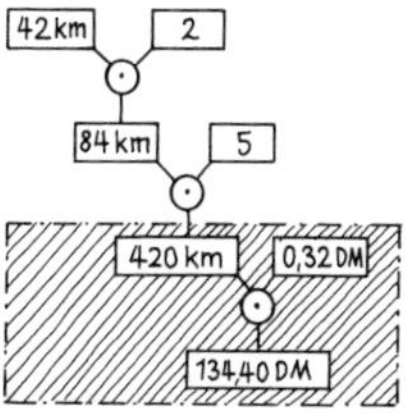

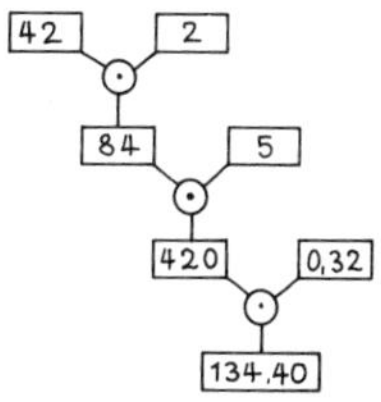

Herr Gruber bekommt . . . DM ersetzt.

Größenangaben im Rechenplan sind nur dann möglich, wenn sich eine Aufgabe nur in einem Größenbereich bewegt (nur DM, nur m^2, . . .).

Einige Didaktiker glauben das Problem dadurch lösen zu können, daß man die Größenangaben verbal umschreibt.
Beispiel:

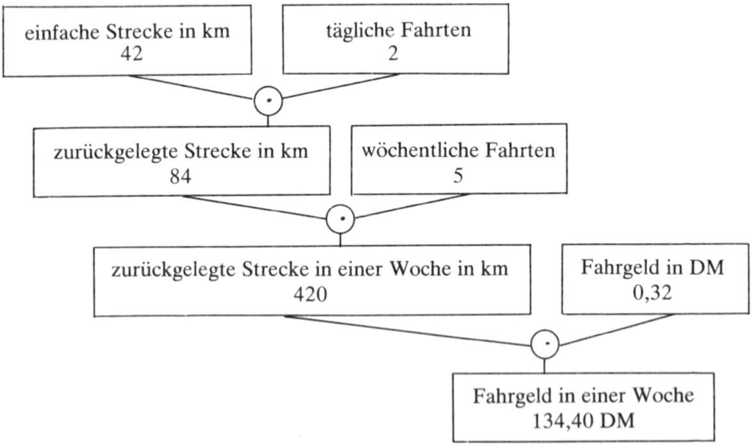

Dieser Vorschlag, wenn er auch das Problem lösen hilft, ist für den Volksschulbereich nicht geeignet, denn die sprachlichen Voraussetzungen, die hier verlangt werden, stellen für einen Großteil der Schüler eine echte Barriere dar.

Größenbezeichnungen im Operatormodell
Bei dem gewählten Beispiel können nur dann Größenbezeichnungen verwendet werden, wenn man neu ansetzt.

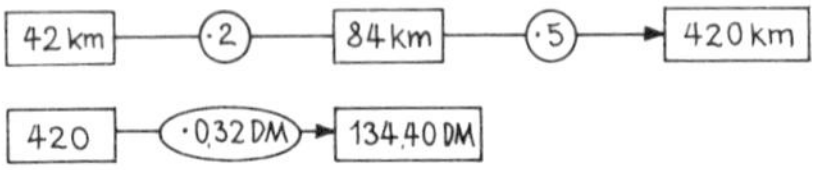

Funktionale Abhängigkeit zwischen zwei Größen

Lernziele

Fähigkeit, die »Doppelleiter« beim Lösen von Aufgaben richtig zu gebrauchen
Fähigkeit, eine durch ihre Werttabelle gegebene Funktion im Achsenkreuz graphisch darzustellen

Didaktische Hinweise

Die Anwendung der Doppelleiter als graphisches Instrument der Lösung bei einem direkten Verhältnis hat sich bewährt, denn sie läßt sich leicht darstellen. Es genügt bereits ein Wertepaar, um eine Doppelleiter zeichnen zu können.

Alle Wertepaare der Funktion können abgelesen werden. Die Genauigkeit der Ablesemöglichkeit hängt vom Maßstab der Zeichnung ab.
Beispiel:
Ein Liter »Super« kostet an einer Tankstelle 0,90 DM. Die zugehörigen Wertpaare werden an einem Streckenbild (Doppelleiter) dargestellt.

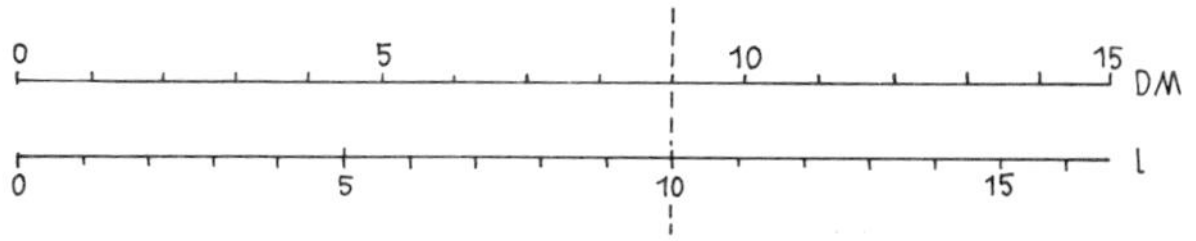

Diese Darstellungsform eignet sich besonders zum Vergleich von Währungen (großer Maßstab).

Das Achsenkreuz läßt sich für die Schüler von der Doppelleiter her gut verstehen. Die eine der parallel verlaufenden Strecken wird nun senkrecht gestellt. Die zueinander gehörigen Werte eines Paares lassen sich jetzt durch einen Schnittpunkt bestimmen.

Die Schüler sollen erkennen, daß man zum Zeichnen der Funktionsgeraden nur ein Wertepaar braucht. Der zweite Punkt für das Zeichnen der Geraden ist der 0-Punkt.

Beispiele:
Funktionelle Abhängigkeit von Gewicht und Geldwert.

»6 kg Äpfel kosten 3,00 DM«

Aus dem Diagramm läßt sich die funktionelle Abhängigkeit zweier Größen ersehen.

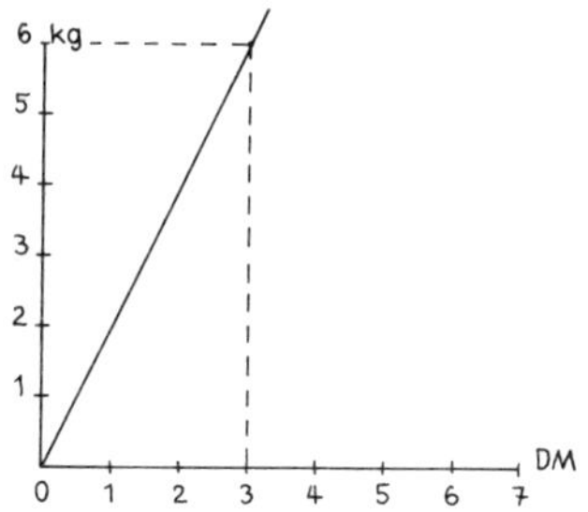

Funktionelle Abhängigkeit von Volumen und Zeitspanne.

»Ein Sportflugzeug verbraucht in einer Stunde durchschnittlich 25 Liter Kraftstoff.«

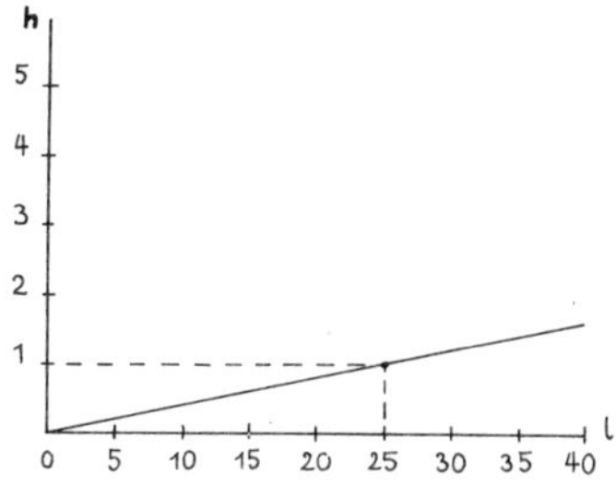

Diese extremen Darstellungen (sehr steiler Graph und sehr flach verlaufende Gerade) sollen die Schüler motivieren, eine günstigere Einteilung zu finden, die auch das Ablesen mehrerer Wertpaare erlaubt.

Vorgegebene Diagramme können die Schüler anregen, die Zuordnungsvorschriften zu finden und Sachaufgaben zu formulieren.

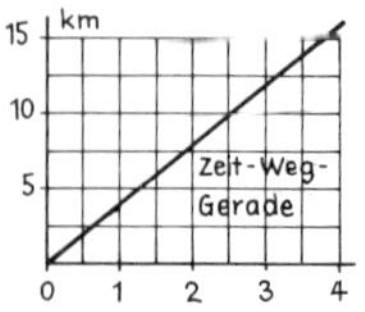

Zeit-Weg-Diagramm

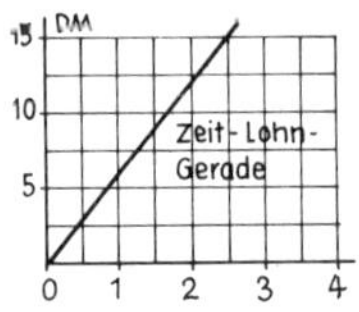

Zeit-Lohn-Diagramm

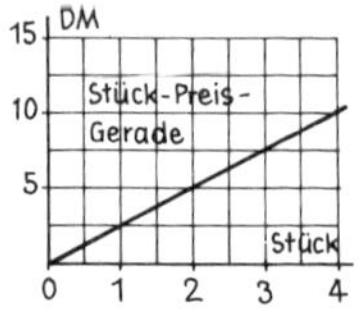

Ware-Preis-Diagramm

Das umgekehrte Verhältnis

Didaktisches Ziel

1. Ausgehend von einer Sachsituation soll die funktionale Abhängigkeit des umgekehrten Verhältnisses bewußtgemacht werden.
2. Die Schüler sollen mit Hilfe von Wertetabellen Abhängigkeiten mit umgekehrtem Verhältnis im Achsenkreuz graphisch darstellen können.

Fahrzeit in Minuten	12	15	16	20	24	25	30	40	48	50
Geschwindigkeit in km/h				60			40			

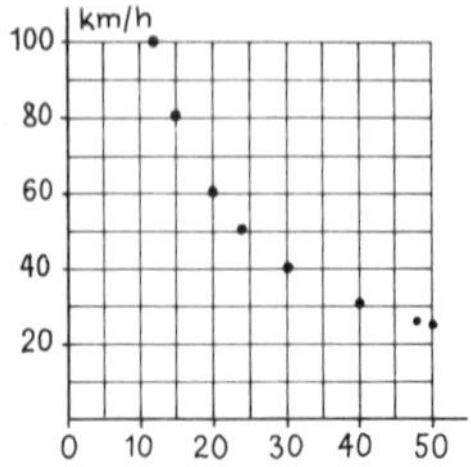

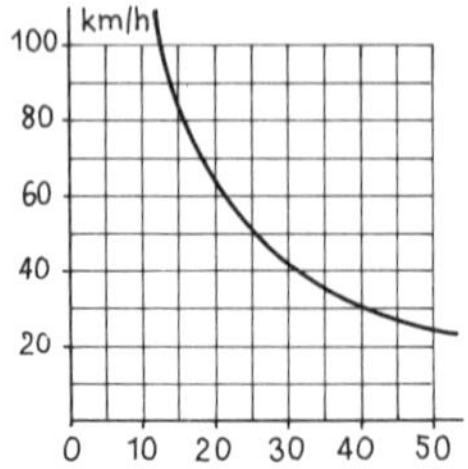

Das umgekehrte Verhältnis wird mathematisch durch die Zuordnungsvorschrift $x \rightarrow \frac{c}{x}$ (oder die Funktionsgleichung $y = \frac{c}{x}$) bestimmt. Im Prinzip gestattet zwar die Darstellung im Achsenkreuz wiederum die graphische Lösung von Aufgaben. Da das Zeichnen der Kurven eine relativ umfangreiche Wertetabelle voraussetzt und außerdem die Durchführung der Zeichnung und das Ablesen der Werte bei einer gekrümmten Kurve ungenauer sind als bei einer geraden Linie, ist die praktische Bedeutung der zeichnerischen Lösung bei dieser Funktion geringer als beim geraden Verhältnis.

Zwei Eigenschaften der funktionalen Abhängigkeit mit umgekehrtem Verhältnis sind für die Lösung von Aufgaben bestimmend:

1. Wenn die eine Wertreihe (der Wertetabelle) wächst, fällt die andere im gleichen Verhältnis (das 4fache . . . der 4. Teil).

2. Bei jeder Wertetabelle bleibt das Produkt aus den Werten eines jeden Wertepaares konstant (Produktgleichheit).

Literatur

Breidenbach, W.: Methodik des Mathematikunterrichts, 1969.

Griesel, H.: Die Neue Mathematik Band 2, 1973.

Maier, H.: Referat in Zangberg 1975.

Oehl, W.: Der Rechenunterricht in der Hauptschule, 1965.

Schlaak, G.: Fehler im Rechenunterricht, 1969.

Helfried Reischl

Übung

Zum Stellenwert der Übung in Unterricht und Lehrplan

Der Forderung des Lehrplanrichtziels »Beherrschung von mathematischen Verfahren bei altersgemäßer Einsicht«[1] entspricht methodischerseits der didaktisch bedeutsame und komplexe Bereich sinnvoll gestalteter Übung. Mehr Zeit und fachlich gründlichere Planung, die für sinnvolle Übungsarbeit aufgewendet werden, vermögen sicherzustellen, daß die Schüler zur Beherrschung mündlicher und schriftlicher Rechenverfahren und damit zu größerem Erfolg im mathematischen Lernen gelangen; mehr Freude und weniger Streß im Fach Mathematik wären die Folge. In zunehmendem Maße wird von Öffentlichkeit und Schulverwaltung der Übung wieder gebührende Bedeutung beigemessen.

Übung, die durch Wiederholung gekennzeichnet ist, bleibt auch für den Mathematikunterricht notwendig. Denn eine alte Erfahrung lehrt, daß erreichter Unterrichtserfolg verblaßt, erzielte Fähigkeiten und Fertigkeiten schwinden, wenn sie nicht wiederholt, weiter und in die Tiefe geübt werden. Allerdings bedeutet dabei im Hinblick auf den Mathematikunterricht effektives Üben mehr als nur Fertigkeitstraining und Einprägungsarbeit zu vorliegenden Unterrichtsergebnissen. Hinzukommen muß die Sicherstellung der *Einsicht*, die vor und während aller Übungstätigkeit der Schlüssel zum dauerhafteren Erfolg mathematischen Lernens ist und als die eigentliche Wirkkraft die Schüler befähigt, beweglich, funktional-operativ zu denken und das einsichtig Gelernte auf neue Situationen zu übertragen bzw. in veränderten Sachverhalten wiederzuerkennen. Dieserart einsichtiges Üben sollte auch mehr sein als eine punktuelle methodische Maßnahme; als »operative bzw. operatorische Übung« vermag es als integrierender Bestandteil sowohl effektiver Erarbeitungsformen, der Fertigkeitsübung wie auch der Anwendungsarbeit zu wirken.

In konsequenter Fortführung der einschlägigen Aussagen im Lehrplan für den Mathematikunterricht der Grundschule von 1974 spricht auch der Curriculare Lehrplan für den Mathematikunterricht der 5. und 6. Jahrgangsstufe[2] Begriff und Stellenwert der Übung im Zusammenhang mit einem effektiven Mathematikunterricht direkt an; Beispiele aus Angaben zu Lernzielen und Unterrichtsverfahren sollen dies belegen:

»Ausgehend von Sachzusammenhängen wird die Addition«, »wird die Subtraktion wiederholt und geübt«, und zwar mit der Zielsetzung, *»Sicherheit im mündlichen und schriftlichen Addieren«* bzw. *»Subtrahieren, auch unter Verwendung von Rechenvorteilen« zu bewirken* (Lernziele 2.1. und 3.2., 5. Jgst.).

Bei den Angaben zur Multiplikation und Division findet man: *»Vielfältiges*

Üben im mündlichen und schriftlichen Multiplizieren in Verbindung mit einem beweglichen rechnerischen Denken« bzw. »*Abwechslungsreiche, schwierigkeitsgestufte Übungen im mündlichen und schriftlichen Dividieren unter besonderer Berücksichtigung beweglichen rechnerischen Denkens«*, beidemale mit dem Ziel, »*Sicherheit im mündlichen und schriftlichen Multiplizieren«* bzw. »*Dividieren«* zu erreichen (Lernziele 5.4. und 6.3, 5. Jgst).

Bei all diesen Zielsetzungen des Lehrplans zum Übungsbereich bleibt das oben angeführte Richtziel maßgebend, nämlich die »*Beherrschung von mathematischen Verfahren bei altersgemäßer Einsicht in deren grundlegende Gesetzmäßigkeit«*. Sinnvolles Üben hat demnach den rechten Übungsbegriff, d. h. in diesem Zusammenhang den Blick auf altersgemäße Einsicht, zur Bedingung.

Zwei Arten der Übung

Ein mathematikdidaktisch sinnvoller Übungsbegriff wird zwei Komponenten beachten: die mechanisierende bzw. automatisierende Einübung von Fertigkeiten und die operatorische Übung, d. h. die Einübung operativer Fertigkeiten bzw. Fähigkeiten.

Die mechanisierende Fertigkeitsübung

meint die Einübung von Rechenoperationen und -verfahren bis zur mechanisierten Geläufigkeit und Entlastung des Denkens. Einfachere Plus- und Minussätze, die Einmaleinssätze wie auch die schriftlichen Normalverfahren der vier Grundrechenarten verlangen den raschen, sicheren, fehlerfreien, ohne lange Zwischenüberlegungen ablaufenden Vollzug; deshalb zielt diese Übungsart auf Geläufigkeit, Sicherheit, d. h. eben auf Beherrschung von Lösungswegen. Damit wird ein Mehrfaches erreicht: »Durch das bis zur Automatisierung gesteigerte Können gewisser Operationen werden geistige Energien freigesetzt für das Kombinieren der gekonnten Rechnungsarten zu neuen Operationen.«[3]

Ferner soll erlangte Rechentechnik bewirken, daß sich die ganze logische Denkkraft mathematischen Problemen, vor allem im Zusammenhang mit Sachaufgaben, zuwenden kann. Schließlich bleibt es für einen Teil der Schüler von nicht zu verkennendem Belang, sich wenigstens der Endform eines Normalverfahrens bedienen zu können.

Das Einprägen von Rechensätzen bzw. Normalverfahren darf allerdings erst am Ende eines Arbeitsweges stehen. Mechanisierende Übungen haben nämlich zur Voraussetzung, daß einzuübende Verfahren vorgängig in ihrer Struktur gründlich verstanden und in den Beziehungszusammenhängen allseitig durchleuchtet sind; eine Voraussetzung, welche die operative Durcharbeitung zu schaffen hat. Es wäre eine trügerische Vereinfachung, wollte man die vorlaufende und begleitende Phase der Denkarbeit umgehen und

Rechenverfahren von vornherein auswendig lernen lassen. Das Beherrschen muß also aus der gründlichen Einsicht wachsen.

Sicherheit im Zahlenrechnen ist nicht allein durch mechanisierende bzw. automatisierende assoziative Übungen erreichbar; als entscheidend wichtige Komponente muß sich das operative Üben hinzugesellen. Der Übungsbegriff ist in einem umfassenderen Sinne zu verstehen.

Die operatorische bzw. operative Übung

nimmt in Ergänzung zum mechanisierenden Einprägen die geistigen Aktivitäten des Vergleichens, Kombinierens und Beziehungsdenkens voll in Anspruch und will sie zu einer gewissen »Fertigkeit« führen.

Die mechanisierende Übung befaßt sich, da sie Sicherheit und Schnelligkeit im Vollzug anstrebt, abschnittsweise jeweils mit der gleichen Grundrechenart (Addition oder Subtraktion oder Multiplikation usw.). Das Erkennen der Operationszusammenhänge, wesentliches Ziel des Mathematikunterrichts, wird dabei nicht mitgeübt und muß daher in einer besonderen Übungsart Berücksichtigung finden. Zudem dürfte es eine unbestrittene Erfahrungstatsache sein, daß nicht nur Verfahrensabläufe, sondern auch das Beziehungsdenken und die Einsicht in Operations- und sonstige mathematische Sinnzusammenhänge (bei Texten und Zahlen) übungsfähig, vor allem übungsbedürftig sind. Nur vielseitiges und wiederholtes Üben im Beziehungsdenken gewährleistet, daß beispielsweise eine Operationsstruktur wirklich verinnerlicht, beweglich und den Schülern verfügbar wird für Anwendung und Transfer. Natürlich vermögen Einsichtsübungen und Übungen im Beziehungsdenken Denkabläufe nicht etwa zu mechanisieren, wohl aber diese sicherer, vertrauter zu machen und bis zu einer gewissen Fertigkeit gedeihen zu lassen.

Komplementäre Formen

Die Befähigung zu beweglichem, einsichtigem Operieren einerseits und das mechanisierende bzw. automatisierende Einüben mehr oder minder isolierter Rechenfertigkeiten andererseits dürfen keine getrennten Bereiche sein. Beide Übungsarten sollten sich vielmehr gegenseitig ergänzen und durchwirken. In diesem Sinne sind Addition, Subtraktion, Multiplikation und Division nicht grundsätzlich isoliert voneinander zu üben. Diesem operativen Aspekt entsprechen u. a. auch folgende Zielsetzungen des Curricularen Lehrplans für den MU in der 5. Jgst.: »*Einsicht in den Zusammenhang zwischen Addition und Subtraktion*« bzw. »*Einsicht in den Zusammenhang zwischen Multiplikation und Division*« (Lernziele 3.1. bzw. 6.1., 5. Jgst.).

Rechenübungen sollten also weiterhin Operationszusammenhänge, Beziehungen zu verwandten und benachbarten Operationen einbeziehen, sog. »Übungsfelder« bzw. »kombinierte Übungsaufgaben« aufweisen. Rechenübungen sollen beiden Erfordernissen entsprechen, sowohl den mechanisierenden wie auch den operativen. Nichtsdestoweniger ist jedoch aus didaktisch-psychologischen Gründen zuweilen reines mechanisierendes Fertigkeitsrechnen gesondert zu pflegen, manchmal sogar in der gleichen Stunde neben operativen Übungen. Beide Übungsarten ergänzen sich.

Kennzeichen und Beispiele operativer Übung

Übung des Beziehungsdenkens fordert und fördert bestimmte kennzeichnende mathematische Aktivitäten bzw. kognitive Verhaltensweisen

So zielt operatives Üben

- auf das rasche Erkennen von Operationszusammenhängen (beispielsweise zwischen Addition und Subtraktion, Multiplikation und Addition bzw. Division); auf das Anwenden von Operationsumkehrungen (Reversibilität), denn dadurch lernen die Schüler den jeweiligen Operationsbegriff erst im Grunde verstehen;
- auf das Erkennen, daß mehrere Operationen durch eine einzige ersetzt werden können und umgekehrt (Komposition);
- auf das Erkennen mehrerer möglicher Lösungswege, die zum gleichen Ziele führen; auf das Finden der vorteilhaftesten Strategie; auf das Umgruppieren von Zahlbeziehungen (Assoziativität);
- auf das Erkennen gleicher mathematischer Operationsstrukturen in verschiedenen Sachsituationen (Voraussetzung für das erfolgreiche Lösen von Sachaufgaben).

Mit diesen mehr formalen Merkmalen operativer Aktivitäten können sich sowohl zahlbezogene Inhalte (operatives Üben mit Zahlen) als auch das Lösen von Sachaufgaben (operative Textaufgabenbehandlung) verbinden. Gerade die operative Textaufgabenbehandlung wird einer zentralen Lehrplanforderung gerecht, die da lautet: »*Sachaufgaben zu allen vier erlernten Grundrechenarten erweisen sich nicht nur als Anwendungsfeld der Rechenoperation, sondern sollen wesentlich auch Mittel zur Aktivierung logischen und problemlösenden Denkens sein*« (Lernziel 7.4., ähnlich auch 4.7., 5. Jgst. und 4.3., 6. Jgst.).

Operativ-variative Behandlung von Sachaufgaben erweist sich als vorteilhaftes Mittel, die für den mathematischen Lernerfolg zentralbedeutsame »Rechenfähigkeit« (im Sinne der traditionellen deutschen Rechendidaktik) zu fördern; folgende Maßnahmen kennzeichnen diese Art effektiver Textaufgabenbearbeitung:

- Aufsuchen mehrerer Lösungswege; Vergleichen, Beurteilen, Auswählen der optimalen Möglichkeit;
- Umkehren der Fragestellung: Vom ermittelten Ergebnis her können die zuvor gegebenen Größen rückläufig und nacheinander errechnet werden, wobei die jeweilige Aufgabenstellung von den Schülern wieder neu zu formulieren ist. Diese Aktivitäten haben Kontrollfunktion vor allem für das gesamte Aufgabenverständnis.
- Variation der in die Rechnung eingehenden Zahlenwerte bei gleichblei-

bendem Text: Dabei gewinnen die Schüler Einsicht in die funktionale Abhängigkeit der einzelnen Größen voneinander. Hypothetische Fragen können das Strukturverständnis vertiefen, beispielsweise: »Wie ändert sich das Ergebnis, wenn alle Zahlenwerte (bestimmte Zahlenwerte) doppelt so groß (halb so groß) sind?«

- Variation der Problemstellung bei gleichbleibender Operationsgrundstruktur: Variation des Aufgabentextes innerhalb desselben Sachgebietes (z. B. Verkauf); Variation des Aufgabentextes durch Veränderung des Sachbereichs (z. B. Verdienen, Verbrauchen, Geometrie, . . .). Solche Maßnahmen fördern die Einsicht in die logische Struktur der Textaufgabe besonders gut.
- Erweitern der Aufgabenstellung bei gleichbleibender Operationsgrundstruktur: Eine oder mehrere Ausgangsgrößen werden hinzugenommen und machen die ursprüngliche Aufgabe komplexer. Die Schüler werden bei all den genannten Maßnahmen im Selbstbilden von Aufgaben sinnvoll unterstützt (siehe Beitrag »Sachaufgaben« in diesem Buch).

Operatives Üben ist an keine bestimmte Phase des mathematischen Lernprozesses gebunden, sondern vollzieht sich wiederholt, in den verschiedenen Phasen.

- *Im Anschluß an die Erarbeitung eines Verfahrens*
  Bei einem Teil der Schüler wird ein mehrmaliges Durcharbeiten der einzelnen Verfahrensschritte erforderlich sein mit dem Ziel, daß jeder Schüler die Operation selbständig, erklärend und rein vorstellig durchführen kann.
  Die Einsicht in eine Operation bzw. in ein Verfahren wird zu vertiefen sein durch Aufdecken der verschiedenen Operationszusammenhänge: Durchführen von Operationsumkehrungen, Beschreiben von Rück- und Umwegen, Ausführen von Gegenrechnungen, Vergleichen, In-Beziehung-Setzen zu bekannten Operationen sind Maßnahmen, die eine Operation beweglich, verfügbar machen und das Operationsverständnis sicherstellen. Dabei sind, da der Lernprozeß bei den einzelnen Schülern mit unterschiedlichem Tempo verläuft, Differenzierungsmöglichkeiten einzuplanen.
- *Bei der Wiederholung im Rahmen der täglichen Kurzübungen*
  Das tägliche Zehnminutenrechnen sollte neben gesonderten Fertigkeitsübungen zu den einzelnen Grundrechenarten auch immer operative Gesichtspunkte berücksichtigen und Beziehungen zu verwandten bzw. benachbarten Operationen einbeziehen.
  Soll beispielsweise zu vorgegebenen Zahlenpaaren jeweils die Differenz bestimmt werden, so kann man die Zusatzaufgabe stellen: Suche die Gegenrechnung! – Beim Aufsagen bzw. Aufschreiben von Einmaleinssätzen kann es zusätzlich heißen: Rechne jedesmal auch das Doppelte (die Hälfte)! – Zu einzelnen Additions-, Subtraktions-, Multiplikations- und Divisionsaufgaben sollen immer wieder einmal alle Lösungswege und

Umkehraufgaben angegeben werden. – In die täglichen Zehnminutenübungen sind auch regelmäßig kleinere Textaufgaben einzuplanen, um grundlegende Einsichten zu üben; dabei soll der Schüler entweder aus textlich oder grafisch vorgegebenen, mathematisch bedeutsamen Sachsituationen die entsprechenden Gleichungen entnehmen oder vorliegende Gleichungen in Texten bzw. Zeichnungen konkretisieren.

- *Im Dienst des Lebendighaltens der Einsicht*
  Selbst und gerade dann, wenn eine Operation bis zur mechanisierten Geläufigkeit gediehen ist, wird es immer wieder erforderlich sein, durch geeignete Maßnahmen die Einsicht in die Operation, d. h. die Verständnisgrundlage, aufzufrischen.
  Das kann in der Weise erfolgen, daß man die Schüler ab und zu beim Übungsrechnen, natürlich nicht bei jedem Übungsbeispiel, ein bereits mechanisiertes Verfahren, beispielsweise das Multiplizieren mit mehrstelligem Multiplikator, begründen läßt; dabei dienen etwa folgende Impulse bzw. Fragen der Verständniskontrolle: Zerlege die Multiplikation in Einzelaufgaben! Multipliziere vorteilhaft mit 600, mit 30! Erkläre dabei die Teilschritte! Warum braucht man bei der Darstellung rechts die Nullen nicht mehr anzuschreiben?

Beispiel:	$2456 \cdot 635$		
	14736	....	$(2456 \cdot 600 = 1473600)$
	7368	....	$(2456 \cdot 30 = 73680)$
	12280	....	$(2456 \cdot 5 = 12280)$
	1559560	⟵——⟶	1559560

Der Lernerfolg darf dann als gesichert gelten, wenn der Schüler imstande ist, mit Hilfe von Überlegungen ohne besondere Schwierigkeiten auf die (anschauliche) Grundlage des Verständnisses zurückzugehen. Den Schülern soll die »*Vorteilhaftigkeit der Endform*« der schriftlichen Rechenverfahren bewußt werden (Lehrplan).

Beispiele aus dem Zahlenrechnen und aus der operativ-variativen Behandlung von Sachaufgaben

Erkennen von rechnerischen Zusammenhängen am Zahlenstrahl und durch Anwenden von Operatoren der Form (+a), (−a), (·a), (:a)

Umkehraufgaben

Addieren und Subtrahieren am Zahlenstrahl:

Addieren (Vorwärtsschreiten, Aneinanderlegen von Strecken)

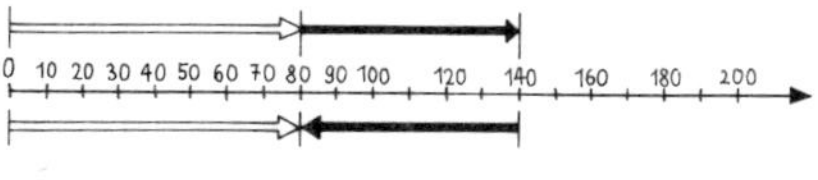

Subtrahieren (Rückwärtsschreiten, Wegnehmen von Strecken)

Addieren und Subtrahieren durch Rechenbefehle (Operatoren):

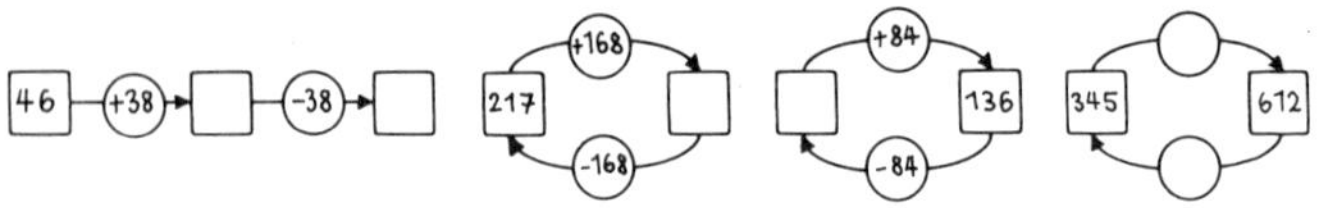

Multiplizieren und Dividieren durch Rechenbefehle (Operatoren):

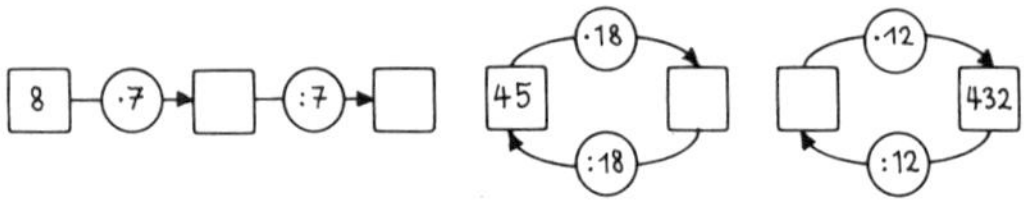

Vorteilhaftes Rechnen (Anwenden des Vertauschungsgesetzes und des Verbindungsgesetzes)
Vertauschen von Summanden, Vertauschen von Faktoren:
$7 + 38 = 38 + 7 = 45$ $\qquad$ $3 \cdot 4 = 4 \cdot 3$

Zeige am Zahlenstrahl:
$35 + 65 = 65 + 35$

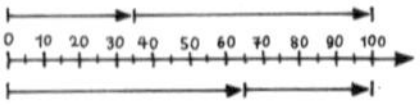

Zeige am Zahlenstrahl:

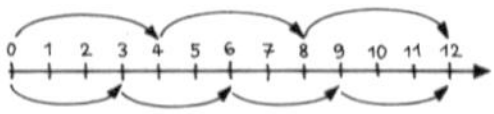

$3 \cdot 4 = 12$
$4 \cdot 3 = 12$

Zusammenfassen von Summanden, von Faktoren in beliebiger Reihenfolge:
Zeige am Zahlenstrahl!
$35 + (65 + 40) = (35 + 65) + 40$ $\qquad$ Zeige am Rechenplan!

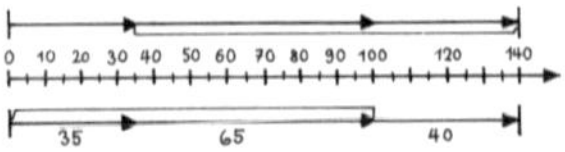

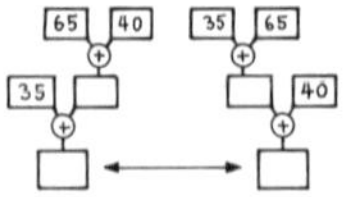

Zeige am Rechenplan:
$3 \cdot (4 \cdot 7) = (3 \cdot 4) \cdot 7$

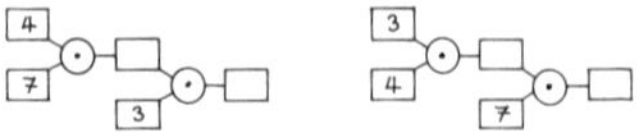

Vorteilhaftes Tauschen und Zusammenfassen:
$48 + 69 + 52 = (48 + 52) + 69$; $\quad 4 \cdot 117 \cdot 25 = (4 \cdot 25) \cdot 117$

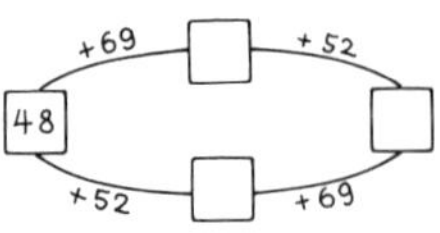

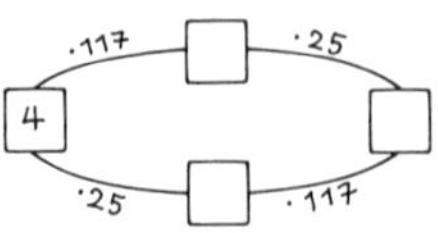

Anwenden von Tausch- und Umkehraufgaben als Kontrollrechnungen
Eine Multiplikationsaufgabe kann beispielsweise durch Vertauschen der Faktoren wie auch durch beide Gegendivisionen, sodann durch Aufspalten

in zwei oder mehrere Teildivisionen kontrolliert werden. Die Kontrolle einer Division kann durch Multiplikation, Gegendivision und durch Aufspalten in Teildivisionen (Zerlegung des Divisors oder des Dividenden) erfolgen.

Beispiel: $5586 : 57 = 98$

1. Probe: $98 \cdot 57 = 5586$

2. Probe: $100 \cdot 57 = 5700$
$2 \cdot 57 = 114$
$98 \cdot 57 = 5700 - 114 = 5586$

3. Probe: $5586 : 98 = 57$

4. Probe: $5586 : 57 = x$
Zerlegen des Divisors $57 = 19 \cdot 3$
$5586 : 19 = 294$
$294 : 3 = 98$
$5586 : 57 = 98$ u.a.m.

Das Auffinden möglichst vieler Kontrollmöglichkeiten sollte ab und zu als interessante und vertiefende Übung bewußt geplant werden; dabei stellt sich eine innere Differenzierung der Lernenden von selbst ein: Die guten Rechner finden mehrere und interessante, die schwächeren Rechner eben weniger Kontrollrechnungen.

Anwenden der Operationsumkehrung beim Lösen von Gleichungen mit größeren Zahlen
Das Bilden von Umkehraufgaben kann das Lösen mancher Gleichung erleichtern, gegebenenfalls mit Hilfe rasch skizzierter Streifenmodelle.
Beispiele:

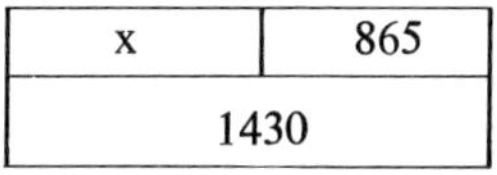

$x + 865 = 1430 \longleftrightarrow 1430 - 865 = x$
$1430 - x = 865 \longleftrightarrow 1430 - 865 = x$

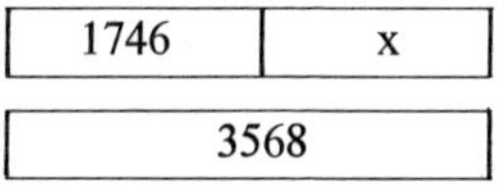

$1746 + x = 3568 \longleftrightarrow 3568 - 1746 = x$
$3568 - x = 1746 \longleftrightarrow 3568 - 1746 = x$

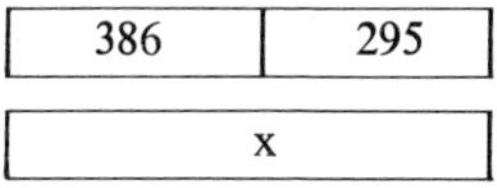

$x - 386 = 295 \longleftrightarrow 295 + 386 = x$
$x - 295 = 386 \longleftrightarrow 386 + 295 = x$

Bilde zu jeder Gleichung die Umkehraufgabe und bestimme die Lösung!

$45 \cdot x = 1530 \longleftrightarrow 1530 : 45 = x;$ $x \cdot 26 = 468 \longleftrightarrow 468 : 26 = x;$
$2538 : x = 54 \longleftrightarrow 2538 : 54 = x;$ $x : 6 = 87 \longleftrightarrow 87 \cdot 6 = x$

Erkennen, daß mehrere Operationen durch eine einzige ersetzt werden können und umgekehrt

Ersetzen zweier Operatoren durch einen; Verkürzen von Operatorketten:

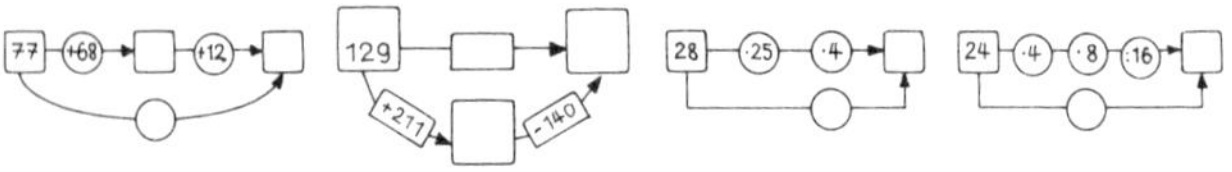

Ersetzen eines Operators durch zwei Operatoren; Zerlegen von Operatoren:

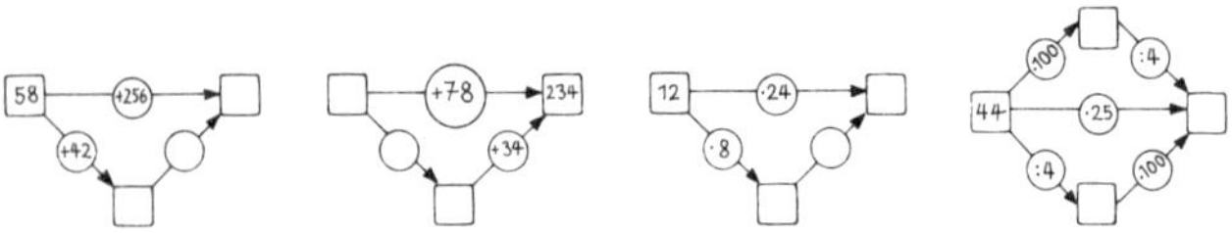

Erkennen mehrerer Lösungswege (Anwenden des Assoziativ- und Distributivgesetzes);

Suchen verschiedener Lösungswege

$440 - 86 = \boxed{440 - 80} - 6 = 360 - 6 = \square$ oder

$440 - 86 = \boxed{440 - 6} - 80 = 434 - 80 = \square$ oder

$440 - 86 = \boxed{440 - 100} + 14 = 340 + 14 = \square$

$346 + 278 = \boxed{\quad\quad}$

$300 + 200 = 500$
$40 + 70 = 110$
$6 + 8 = 14$

oder

$346 + 278 = \boxed{\quad\quad}$

$346 + 200 = 546$
$546 + 70 = 616$
$616 + 8 = 624$

»Familie Klein möchte einen Schrank für 1567 DM und einen Teppich für 342 DM kaufen.«

Rita rechnet:

$1567 + 342 = \boxed{\quad\quad}$

$= \underbrace{1560 + 340} + \underbrace{7 + 2} =$

$= \underbrace{\quad\quad + \quad\quad} =$

$= \underline{\quad\quad\quad}$ [DM]

Kurt rechnet:

$1567 + 342 = \boxed{\quad\quad}$

$= \underbrace{1567 + 300} + 40 + 2 =$

$= \underbrace{\quad\quad + \quad} + \quad =$

$= \underbrace{\quad\quad\quad + \quad} =$

$= \underline{\quad\quad\quad}$ [DM]

»Vater kauft jedem seiner zwei Söhne ein Paar Skistiefel um 247 DM. Vater weiß sofort, wieviel er bezahlen muß.«
Rechne auf verschiedene Weise!

$2 \cdot 247 = 2 \cdot (200 + 40 + 7) = 2 \cdot 200 + 2 \cdot 40 + 2 \cdot 7 = \square$

oder

$2 \cdot 247 = 2 \cdot (250 - 3) = 2 \cdot 250 - 2 \cdot 3 = \square$

Verschiedenes Verknüpfen von Operatoren

Zerlege den Operator auf verschiedene Weise!

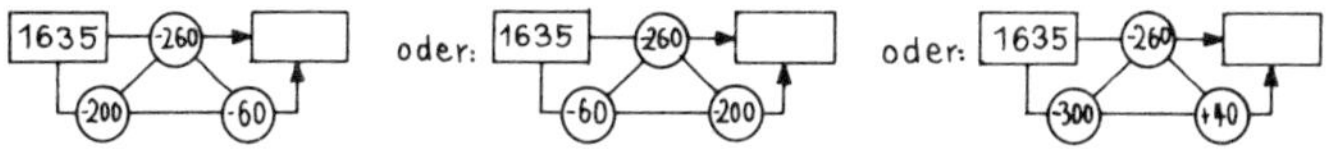

Zerlege den Minusoperator auf verschiedene Weise!

Zerlege den Plusoperator auf verschiedene Weise!

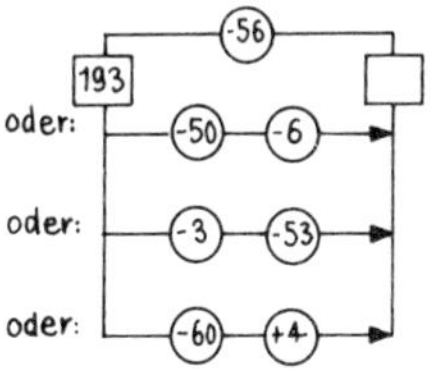

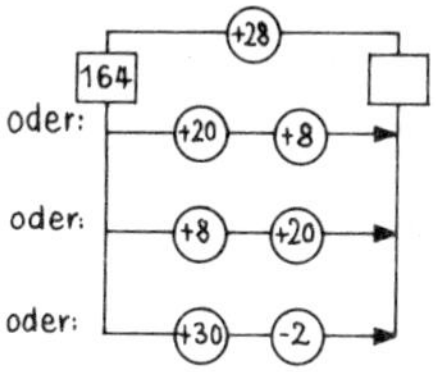

Operativ-variative Behandlung von Sachaufgaben
beinhaltet die wiederholte Durcharbeitung einer Sachaufgabe unter Variation der Problem- und Aufgabenstellung sowie Umkehrung der Zielstellungen; sie bewirkt damit Beweglichkeit des mathematischen Denkens, Rechenfähigkeit und vertieftes Verständnis für Rechenoperationen und Verfahren.

Im besonderen wird das Wiedererkennen mathematischer Strukturen in Sachzusammenhängen durch operativ-flexible Aufgabenbearbeitung wesentlich erleichtert; denn nur das, was man gründlich kennt, kann man auch wiedererkennen.

Es kommt allerdings bei dieser Durcharbeitung darauf an, mehrere Variationen nebeneinander und in einer überblickbaren Zeitspanne zu bewältigen, da sonst der Verständniseffekt ausbleibt. Um dies zu gewährleisten, wird man nach Möglichkeit einfache Sachverhalte und ebenso leicht überschaubares Zahlenmaterial wählen. An sich schon schwierige und komplexe Sachaufgaben eignen sich für eine operative Behandlung auch in Hauptschulklassen weniger.

• *Beispiel 1:* Klaus gewinnt im Lotto. 250 DM behält er für sich; jedem seiner 3 Geschwister schenkt er 162 DM. Wie hoch war sein Gewinn?

1 **Lösung 1:** 250 + 162 + 162 + 162 = 736 (736 DM)

Lösung 2:

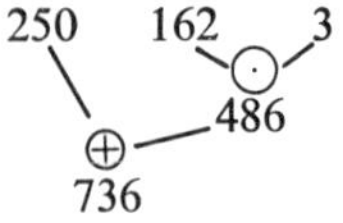

Der Gewinn betrug 736 DM.

2 *Variation der Problemstellung und Umkehrung der Aufgabenstellung:*
Wieviel erhält jedes seiner Geschwister, wenn Klaus 325 DM für sich behält?
Lösungsweg 1: 736 – 325 = 411; 411 : 3 = 137; 137 DM je Geschw.
Lösungsweg 2: Für Klaus 75 DM mehr, bedeutet 75 DM weniger für die 3 Geschwister zusammen; für jedes der Geschwister also 25 DM weniger.
162 – 25 = 137; 137 DM je Geschwister.

3 *Zweite Variation der Problemstellung und zweite Umkehrung:*
Wieviel könnte Klaus für sich behalten, wenn er jedem seiner Geschwister 180 DM geben würde?
Lösungsweg 1: 180 · 3 = 540; 736 – 540 = 196; 196 DM für Klaus.
Lösungsweg 2: mit den Zahlenwerten von 1.: (162 + 18 = 180)
Für jedes der Geschwister 18 DM mehr, insgesamt 54 DM mehr, für Klaus also 54 DM weniger als 250 DM; 250 – 54 = 196; 196 DM für Klaus.
Lösungsweg 3: mit den Zahlenwerten von 2.: (137 + 43 = 180)
Für jedes der Geschwister 43 DM mehr, insgesamt also für die Geschwister 129 DM mehr, für Klaus 129 DM weniger; 325 – 129 = 196; 196 DM für Klaus.

4 *Dritte Variation der Aufgabenstellung und Erweiterung:*
Hätte Klaus mehr gewonnen, dann würde er sich für 225 DM ein Sportrad kaufen, jedem seiner Geschwister würde er 215 DM schenken, und das Doppelte des Sportradpreises würde er auf die Sparkasse bringen. Wie hoch müßte dann sein Gewinn sein? (Mehrere Lösungswege wären möglich unter Rückgriff auf die Zahlenwerte bei 1., 2. und 3., jedoch nur einer scheint sinnvoll: 225 + 215 · 3 + 225 · 2 = 1320; Klaus müßte 1320 DM gewonnen haben.

5 *Vierte Variation der Aufgabenstellung und Erweiterung:*
Diese neue Textformulierung (etwa durch Selbstbilden der Aufgabe) kann als Ausgangsbeispiel für eine weitere variativ-operative Aufgabenbehandlung dienen (mit weiteren Aspekten).

• *Beispiel 2:* Klaus gewinnt im Lotto 885 DM (1054 DM). Für 250 DM (228 DM) darf er ein Sportrad kaufen. Jedem seiner 3 Geschwister schenkt er 163 DM; den Rest bringt er auf die Sparkasse. Frage (von den Schülern selbst gefunden): Wieviel DM spart Klaus?

1 *Aufsuchen mehrerer Lösungswege:*

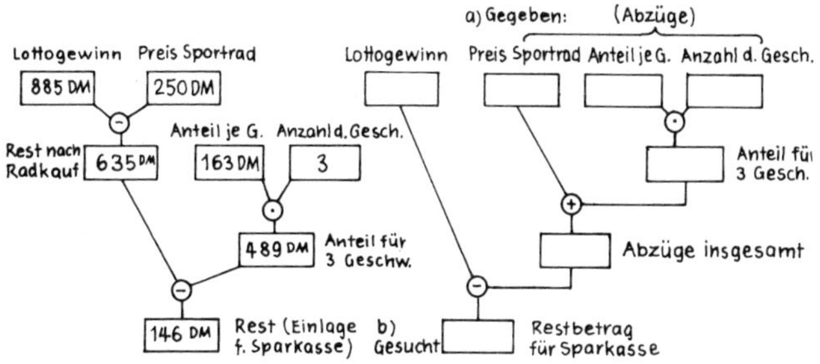

2 *Variation der Zahlenwerte bei gleichbleibender Problemstellung*
(Lösung nach zwei Wegen mit den Klammerwerten)

3 *Umkehrung der Fragestellungen:*
Vom ermittelten Ergebnis (Restbetrag) her können nun gegenläufig bestimmt werden: der Preis für das Sportrad, der Anteil eines Geschwisters, die Höhe des Lottogewinns (evtl. die Zahl der Geschwister). Nun wird natürlich für jede Aufgabe eine neue eigenständige Textformulierung notwendig, die von den Schülern vorzunehmen ist.
Beispiel: Klaus gewinnt im Lotto 885 DM. Für 250 DM kauft er sich ein Sportrad, 146 DM bringt er zur Sparkasse, den Rest verteilt er gleichmäßig an seine 3 Geschwister. Wieviel bekommt jedes seiner Geschwister? Ein Vergleich mit den ursprünglichen Lösungswegen zeigt, daß die umgekehrten Rechenarten notwendig werden.

4 *Erweitern der Aufgabenstellung*
Klaus kauft – neben seinen bereits bekannten Ausgaben – noch ein Geschenk für Vater und Mutter . . .

5 *Selbstfinden neuer Aufgabenstellungen zur gleichen mathematischen Lösungsstruktur*
Sparkonto-Abhebungen für verschiedene Rechnungsbeträge; Warenmenge (Stoffe, Kartoffeln, Wein) – Entnahmen; Geld – verschiedene Einkäufe; . . .

6 *Erkennen von Zusammenhängen, Abhängigkeiten*
Wie ändert sich das Ergebnis, wenn alle Zahlenwerte – außer der Geschwisterzahl – verdoppelt werden?

Bezugspunkte und Kennzeichen der Mechanisierung von Operationen

Bezeichnenderweise kommen zur mechanisierenden Übung aus der mathematikdidaktischen Literatur unserer Tage nur wenig Aufschlüsse, um so mehr dafür aus weiter zurückliegenden didaktischen Schriften wie beispielsweise von H. Aebli[4] und H. Karaschewski[5]. Hieraus seien im folgenden einige Punkte zusammengestellt, welche diese Art von Übung näher charakterisieren.

Die Mechanisierung bzw. Automatisierung gewisser mathematischer Lerninhalte gehört notwendig zum Lernen der Mathematik

Im Bereiche des Rechnens sind einfache Zahlverknüpfungen additiver und multiplikativer Art, nämlich die E + E- und E · E-Sätze, auswendig zu lernen, und zwar so, daß das jeweilige Ergebnis als Reaktion auf die gestellte Aufgabe rasch und sicher, gleichsam reflexartig folgt. Entsprechend sind auch gewisse Regeln, Formeln und Sätze zu beherrschen.

Die schriftlichen Normalverfahren der vier Grundrechenarten sowie einige geometrische Konstruktionen (z. B. Zeichnen von Senkrechten bzw. Parallelen, Halbieren von Strecken u. dgl. m.) müssen so eingeübt sein, daß sie geläufig, sicher, ohne besondere Überlegung vollzogen werden können.

Wesentliches Kennzeichen von Mechanisierung und Automatisierung ist die Wiederholung, das Training

Im Unterschied zur operativen Durcharbeitung einer Operation schließt die Fertigkeitsübung während ihres eigenständigen Verlaufs absichtlich ein Zurückgehen auf die Bedeutungsgehalte einzelner Rechenmaßnahmen und auf die Verständnisgrundlage einer Operation aus; unterbrechende Fragen der Art, warum beispielsweise Zahlen »heruntergenommen«, Nullen angehängt bzw. abgeschnitten werden, warum nach rechts gerückt wird, was »eins gemerkt« bedeutet usw., würden nämlich den Vorgang des Einschleifens, den Aufbau bedingter Reaktionen und schließlich das Mechanisieren stören.

H. Aebli erläutert in diesem Zusammenhang: »So wichtig es . . . ist, im Verlaufe der Übung von Zeit zu Zeit auf die Begründung des Vorgehens zurückzukommen, den Weg zurück zur Bedeutung zu beschreiten, so wenig macht dies das Wesen der Übung aus. Der an sich unschöne Ausdruck des Drills charakterisiert das Üben ganz gut, denn er sagt deutlich, daß hier nun nicht mehr nach dem Warum gefragt, begründet und erklärt wird. Hier werden einfach Zahlkombinationen assoziiert, Verfahren eingeschliffen, Sätze und Formeln auswendig gelernt.«[6] Im MU ist eben nicht nur – in einer Art Perfektionismus – auf die Förderung mathematischen Denkens zu achten, sondern auch auf die bescheideneren Dinge, darauf nämlich, auch das für das Denken notwendige »einfache« Handwerkszeug eingeprägter Daten bereitzustellen.

Selbstverständlich kann das Gesagte nur unter der bereits erwähnten Vorbedingung gelten, daß Einsichtsgewinnung und gründliches Verstehen auf der Stufe der Erarbeitung und Durcharbeitung vorausgegangen sind.

Kennzeichnend für die Mechanisierung im Rechnen ist die jeweilige Festlegung auf eine bestimmte Vollzugsform: auf genormte Sprech- und Schreibweisen, auf Normalverfahren

Da sich Fertigkeiten aus Gruppen von Reiz-Reaktionsverbindungen zusammensetzen, hat sich die mechanisierende Übung an stets gleichbleibende, wiederholt durchzuführende Vollzugsformen zu halten. Der Aufbau bedingter Reaktionen erfolgt im Rechnen dadurch, daß Zeichen (Zahlen und Verknüpfungszeichen) in einer bestimmten Abfolge miteinander assoziiert werden.

So stehen beispielsweise die Einmaleinssätze am sichersten auf Abruf im Gedächtnis bereit, wenn beim Einprägen jeweils Aufgabe und Ergebnis, also die gesamte Multiplikationsgleichung, im Zusammenhang gesprochen und dadurch assoziativ verknüpft wurden. Hier wird eindeutig auf eine Automatisierung im Sinne des Reiz-Reaktion-Modells hingezielt.

Die Zielsetzung, bedingte Reaktionen aufzubauen, macht es auch erforderlich, beispielsweise für die schriftlichen Grundrechenarten die Form der Durchführung genau festzulegen, sogenannte Endformen, Normalverfahren vorzuschreiben. So spricht der hierfür einschlägige Grundschullehrplan vom »*Verstehen und Beherrschen des Normalverfahrens der Addition*« bzw. »*Subtraktion*« und von der »*Fähigkeit, Multiplikationsaufgaben*« bzw. »*Divisionsaufgaben nach dem Normalverfahren zu lösen*«. Es bedarf wohl kaum der Erwähnung, daß diese schriftlichen Normalverfahren über längere Zeit hin vorbereitet, d. h. erarbeitet und auf gründliche Einsicht gebaut sein müssen. In diesem Sinne wird in einer bestimmten Grundrechenart zunächst mit kleinen Zahlen und im Kopf gerechnet, sodann in der halbschriftlichen Form, darauf schriftlich in der Anschreibeart des Normalverfahrens, aber unter Zuhilfenahme von Stellenwerttafeln (ohne Übergänge, mit Übergängen, mit zunehmend größeren Zahlen). Unter allmählichem Abbau der Stellenwerttafeln sowie unter Erprobung mehrerer Lösungswege wird man schließlich einen Weg als verbindliche Endform des Normalverfahrens erklären und neben einer bestimmten Schreibweise auch eine gleichbleibende Sprechform festlegen, an die sich die Schüler halten müssen.

Wenn man also heute an Normalverfahren festhält, dann weniger aus Traditionsbewußtsein, als vielmehr aus lernpsychologischen Gründen; deshalb – wie Aebli sagt –, »weil jede Änderung des Vollzugs nicht nur nichts zur Erlernung des Automatismus hinzufügt, sondern sogar durch einen Prozeß der retroaktiven Hemmung das bisher erreichte Lernergebnis stört«[7].

Natürlich muß der Lehrer immer wieder darauf bedacht sein, zwischendurch auch die Einsicht in das Normalverfahren lebendig zu halten. Doch sollte er auch das beherzigen, was Aebli in Erinnerung ruft: »So sehr wir uns über jede neue Formulierung, jede Variation einer Operation freuen, wenn wir ihr Verständnis prüfen – wir wissen, daß gerade diese Variationen Zeugnis davon ablegen, daß der Schüler aus dem Verständnis der Sache heraus spricht und nicht einfach Worte nachplappert und Verfahrensweisen kopiert – so wenig können wir diese Variationen brauchen, wenn der Automatismus eingeschult wird ... die Schüler automatisieren das Vorgehen so viel rascher und sicherer, als wenn jeder einzelne seine kürzere oder längere, geschicktere oder ungeschicktere Formulierung verwendet.«[8]

Richtpunkte für die Praxis erfolgreicher Übungsarbeit

Für die unterrichtliche Gestaltung der Übungsarbeit wird der Lehrer wichtige, von der Gedächtnis- und Lernpsychologie bereitgestellte Gesetze bzw. Regeln zu Rate ziehen, die insbesondere aus den Erkenntnissen über die Leistung als Funktion der Wiederholungen und als Funktion der Motivation resultieren; hinzukommen noch einige einschlägige mathematikdidaktische Grundsätze.

Richtpunkte, die mit dem Übungsgrundsatz der Wiederholung zusammenhängen

Kein Leerlauf
Üben bedeutet vor allem wiederholtes Tun; denn der Übungseffekt ist ja abhängig von der Anzahl der Vollzüge, die jeder Schüler ausführt. Daher sind Übungsmaßnahmen so zu organisieren, daß Leerlauf vermieden und eine rasche Abfolge der Aufgabenbearbeitung ermöglicht wird. Das heißt, daß sich der Lehrer die Übungsbeispiele nicht erst während des Unterrichts ausdenken darf, sondern Tafelanschriften, Rechentafeln (auf Plakatkarton o. ä.), Tabellen oder Übungskärtchen bereithält. An diesen bereitstehenden, planvollen Übungsmaterialien kann dann flott, ohne jedoch zu hetzen, das Arbeitstempo steigernd geübt werden.

Steigerung der Schwierigkeit
Bei der Übungsarbeit sollten sich keine Fehler einschleichen; denn nur korrekt vollzogene Aktionen tragen zum Aufbau einer brauchbaren Fertigkeit und damit zum Lernfortschritt bei. Fehler hingegen haben die Eigenschaft, sich einzuprägen und hemmend auf den Lernprozeß zu wirken, besonders, wenn sie wiederholt werden. Daher wird man, dem Prinzip »vom Leichten zum Schweren« folgend, die Übungsaufgaben zunächst so leicht halten, daß sie jeder Schüler fehlerfrei bewältigen kann. Erst allmählich werden die Leistungsanforderungen gesteigert. Kommen trotzdem Fehler vor, so sind diese umgehend zu berichtigen. Der Schüler ist zu veranlassen, den richtiggestellten Vollzug nochmals durchzuführen. Analog wird man nichts Halb- oder Unverstandenes üben lassen.

Differenzierung
Leistungsdifferenzierende Maßnahmen (individuelles bzw. gruppenweises Üben) sollen jedem einzelnen Schüler ein Höchstmaß an wiederholenden und dem Schwierigkeitsgrad nach angemessen dosierten Übungsvollzügen ermöglichen. Übung ist wiederholtes Selbsttun des Lernenden. Für den Lernfortschritt zählt weniger die Anzahl der Wiederholungen, die von der Gesamtheit der Schüler einer Klasse ausgeführt werden, als vielmehr die eigenständige Übungsleistung jedes einzelnen.

Auf jeden Fall darf es nicht soweit kommen, daß – wie im Falle des gemeinsamen Rechnens im Klassenverband – die schnellen Rechner den langsameren das Übungsergebnis jeweils schon vorwegnehmen und damit vorenthalten oder sich langweilen.

Die Differenzierung soll sich in bescheidenem, praxistauglichem Rahmen halten und nicht in Komplizierung ausarten, die in der Alltagspraxis nicht durchhaltbar ist. Man wird sich also auf das Bilden von zwei, höchstenfalls drei Leistungsgruppen beschränken und diesen nach Umfang bzw. Schwierigkeitsgrad unterschiedlich dosierte Aufgaben stellen oder auch ein gemeinsames, dem Schwierigkeitsgrad nach gestuftes Aufgabenpaket vorgeben; davon lösen die schwächeren Rechner eben weniger und die leichteren, die guten Rechner mehr Aufgaben einschließlich der schwierigeren.

Zeitintervalle
Die einzelnen Übungsabschnitte (Wiederholungen) sind zeitlich günstig zu verteilen; die ersten Übungen sind bald nach der Erarbeitung und in dichterer Folge, die weiteren in mehreren Zeitintervallen von zunehmender Länge anzuberaumen. Die Grundregel lautet nach wie vor: »Kurz, aber häufig üben!«

Richtpunkte, die sich aus dem Übungsgrundsatz der Motivation ergeben

Zielklarheit
bei der Übungsarbeit erweist sich als wichtiger Motivationsfaktor. Der Schüler muß über das Übungsziel, das er erreichen soll, Bescheid wissen. Allerdings darf dieses weder zu hoch noch zu niedrig gesteckt sein. Im Idealfall sollte der Schwierigkeitsgrad der Aufgaben an der Grenzzone der Leistungsfähigkeit des Schülers liegen; so wäre Ansporn gewährleistet und Entmutigungsmöglichkeit reduziert.

Variation
Motivierend wirkt die Variation des Übungsverfahrens. Möglichkeiten hierzu bieten Übungen mit Spielcharakter (Rechenspiele, -rätsel, -scherze; Wettrechnen); Übungen mit verschiedenen Arbeitsmitteln (Rechenkarten, -gitter, -kreise; Rechenprogramme, Rechenarbeitshefte, Rechentafeln); Übungen mit variierenden Aufgabenformen (Kettenaufgaben, Zahlenfelder, Zahlenquadrate, Sachaufgaben); Variation der Arbeitsweise (mündlich, halbschriftlich, schriftlich) bzw. in der Sozialform (Einzel-, Gruppen-, Klas-

senarbeit); Wechsel des Übungsstoffes (Rückgriffe auf vorangegangene Stoffe, Vorbereitung der Hauptaufgabe einer Rechenstunde, Vorgriffe im Sinne der Differenzierung, Variation im Zahlenraum); Wechsel des didaktischen Ortes (Anfang, Mitte, Ende der Stunde).

Anerkennung
Der Übungswille wird motiviert durch eine Atmosphäre des Vertrauens, durch Anerkennung, Lob und Ermutigung.

Sinnvoller Wettbewerb
Motivationsfördernd ist das Ausschalten bzw. Zurückdämmen negativer emotionaler Bedingungen. Wettbewerbe, Zeitlimits mobilisieren zwar starke Motivationskräfte (wie Ehrgeiz, Geltungsdrang, Siegeswille), beschwören jedoch auch ernstzunehmende pädagogische Gefahren herauf, nämlich psychische Sperren, Panikerlebnisse, Ängste; diese mindern den Übungseffekt. Man wird deshalb den Leistungswettbewerb mit Zurückhaltung anwenden, allerdings nicht ganz auf ihn verzichten wollen; denn schließlich müssen sich die Schüler auch daran gewöhnen, mit dem Leistungswettbewerb zu leben.

Erfolgserlebnis
und Erfolgsbestätigung sind ein besonderes Motiv der Übung. Jeder Übungsvollzug ist zu kontrollieren, am besten in Selbstkontrolle. Zu diesem Zweck müssen den Schülern die Lösungen direkt oder in verschlüsselter Form zugänglich sein (Tafelanschrift, Lösungsheft o. dgl.). Hinzukommen Fremdkontrollen durch Partner bzw. Lehrer. Diese unmittelbare Kontrolle dient der Leistungsmitteilung und damit der Erfolgsbestätigung, die anspornende Wirkung hat.

Um Überblick und Nachweis über die jeweilige Übungsleistung jedes einzelnen Schülers zu gewinnen, erweist es sich z. B. beim halbschriftlichen Fertigkeitsrechnen (tägliche Kurzübung) als vorteilhaft, die Übungsergebnisse auf einem »Rechenzettel« zeilenweise neben der Datumsangabe zu notieren und sie vom Partner korrigieren zu lassen. Dieser Rechenzettel kann jeweils über längere Zeit hin Verwendung finden. Beispiel:

Datum	Name des Schülers				Fehler
15.4.	25	101	36	usw.	O
usw.					

Zur Leistungsmitteilung gehört auch die Leistungsmessung, d. h. die Ermittlung vergleichbarer Leistungen. Die Leistung im übenden Vollzug der Rechenverfahren wird durch zwei Faktoren bestimmt, nämlich durch Geläufigkeit, d. h. Schnelligkeit, sowie Sicherheit, d. h. Richtigkeit, wobei sich Leistung als Quotient aus der Zahl der richtig gelösten Aufgaben und der benötigten Zeit ausdrücken läßt.

Richtpunkte aus fachspezifischen Grundsätzen

Operative Aspekte
In die Übungsarbeit sind nach bester Möglichkeit operative Aspekte einzubeziehen. Operative und mechanisierende Übungen sollen sich ergänzen; so wird man dem nach wie vor noch bedeutsamen Satz der Richtlinien von 1966 (Ziff. 7) gerecht, der da lautet: »Automatisierte Abläufe und Gedächtniswissen sind unerläßlich, werden aber nur fruchtbar im Dienste eines beweglichen rechnerischen Denkens.«

Lebendige Einsicht
Einsicht in das zu übende Verfahren muß auch während der mechanisierenden Übung lebendig gehalten werden. Daher sind die Schüler immer wieder anzuregen, die vorgegebenen Verfahrensschritte zu erläutern und zu begründen. Damit soll nicht gesagt sein, daß jede einzelne Aufgabe begründend und erläuternd bearbeitet werden müßte; das würde ja, wie bereits ausgeführt, Mechanisierung bzw. Automatisierung behindern.

Methodisches Verlaufsschema
Übungsrechnen erfolgt zumeist in der Form von täglichen Kurzübungen. Übungsstunden, in denen die Schüler über 45 Minuten hin nur mit Übungsarbeit beschäftigt werden, sind seltener, wohl aber dann gerechtfertigt, wenn beispielsweise die Einübung eines Normalverfahrens ansteht. Natürlich wird man gerade solche Übungsstunden abwechslungsreich gestalten und nicht etwa den Schülern über die ganze Zeit hin die undifferenzierte Bearbeitung gleichförmiger Aufgabenpäckchen zumuten. Für länger dauernde Übungsarbeiten könnte sich folgendes methodisches Verlaufsschema anbieten:

- *Erste Leistungsfeststellung*

durch Kontrolle der Hausübung , Dauer etwa 5 Minuten; Partnerkontrolle durch Heftaustausch, Lösungsvorgabe durch Tafelanschrift, Folie im OHP oder Ergebnisansage durch Lehrer bzw. guten Schüler; währenddessen Stichkontrolle durch den Lehrer, abwechselnd begrenzt auf eine Tischreihe.

Aus der Qualität der Hausaufgabenbewältigung und den sonstigen laufenden Leistungsfeststellungen des Lehrers ergibt sich die spätere Gruppenzugehörigkeit für das differenzierende Üben.

- *Tägliche Kurzübung im Kopfrechnen*

Dauer etwa 10 Minuten; temposteigerndes, auf das Hauptziel der Stunde bezogenes Fertigkeitsrechnen mit einfachen Zahlenwerten; teils mündlich, teils halbschriftlich und damit differenzierend; operative Aufgabenstellungen einbeziehend; Wechselkorrektur und Leistungsfeststellung.

- *Hauptübungsphase (etwa 25 Minuten)*

Zunächst gemeinsames Üben im Klassenverband, dann differenziertes Üben in Leistungsgruppen; Gruppe A der besseren Rechner zumeist in Alleinarbeit, Gruppe B bzw. C der mittleren und schwächeren Rechner unter weiterer Betreuung durch den Lehrer mit sukzessiver Abkoppelung.

- *Abschließende Leistungsfeststellung durch Leistungskontrolle und -würdigung zur Übungsarbeit (5 Minuten)*

Die Arbeit der Gruppe A wird kontrolliert, gewürdigt, ergänzt; bei diesem Ergebnisvergleich können auch Schüler der Gruppe B mitmachen, soweit sie bereits Aufgaben der Gruppe A erledigt haben. B- und C-Gruppe erhalten die Chance, durch Erledigen eines Teils der Aufgaben als Hausübung aufzuholen.

Die genaue und ausführliche Leistungsfeststellung kann zu Beginn der nächsten Übungsstunde erfolgen. Folgt keine weitere Übungsstunde mehr nach, so muß die Leistungsfeststellung am Ende der laufenden Übungseinheit eingeplant sein.

Es ist eine Vielzahl von Richtpunkten, die sich für die Übungsarbeit zusammenstellen läßt. Doch erübrigt sich fast der Hinweis, daß in *einer* Übungsstunde nicht alle Richtpunkte zugleich oder gleichermaßen verwirklicht werden können bzw. sollen.

Literatur

1 Curricularer Lehrplan für den Mathematikunterricht in der 5. Jgst. der Hauptschule, KMBl. Sondernummer 4/1976, S. 87, Richtziel Nr. 8.
2 Vgl. Curricularer Lehrplan für den Mathematikunterricht in der 5. u. 6. Jgst. der Hauptschule, KMBl. Sondernummern 4 und 19/1976!
3 Karaschewski, H.: Wesen und Weg des ganzheitlichen Rechenunterrichts. Klett, Stuttgart 1966, S. 137.
4 Aebli, H.: Grundformen des Lehrens. Klett, 6. Aufl. 1966, Stuttgart.
5 Karaschweski, H.: Wesen und Weg des ganzheitlichen Rechenunterrichts. Klett 1966.
6 Aebli, H.: a.a.O., S. 108.
7 Aebli, H.: a.a.O., S. 108.
8 Aebli, H.: a.a.O., S. 108.

Alfred Kriegelstein

Sachaufgaben

Vom Sachrechnen zu Sachaufgaben

Wer den amtlichen Lehrplan für den Mathematikunterricht der 5./6. Jgst. näher untersucht, wird feststellen, daß es kaum ein Kapitel, kaum einen Abschnitt gibt, in denen der Begriff »Sachaufgaben« fehlt. Und das sowohl im Zusammenhang mit Lernzielen und Lerninhalten wie auch mit dem Unterrichtsverfahren und der Lernzielkontrolle. Immer wieder ist von Sachaufgaben die Rede, von Sachverhalten, Sachzusammenhängen, vom Anwenden erlernter Operationen in Sachaufgaben, von deren Lösung, von der Übertragung vorgegebener Sachverhalte (Texte) in Gleichungen und Ungleichungen bzw. in die »mathematische Sprache«, von Begriffen, die an Sachzusammenhängen gewonnen werden sollen, von Sachaufgaben mit natürlichen Zahlen, mit geometrischen Begriffen und mit Bruchzahlen. Und schließlich werden funktionale Abhängigkeiten an sachorientierten Inhalten verdeutlicht.

Den Sachaufgaben ist im Teil A des Lehrplans im Zusammenhang mit den übergeordneten Lernzielen ein eigener Abschnitt gewidmet, der Fähigkeiten beschreibt, die zur Bewältigung der auftretenden Fragen und Probleme entwickelt werden müssen, und von Einstellungen spricht (»Bereitschaft«), die aus dieser Arbeit erwachsen sollen.

Die Aussagen zum Gegenstandsbereich »Sachaufgaben« unterscheiden sich sowohl quantitativ wie auch qualitativ von allen vorausgegangenen Lehrplänen und Richtlinien. Von »Textaufgaben« ist lediglich einmal bei der Erläuterung der didaktischen Komponenten (II.1) die Rede. Desgleichen findet sich das Wort »Sachrechnen« nur ein einziges Mal im Zusammenhang mit der Unterscheidung der beiden Formen der Division (Messen und Teilen).

Aus diesen Feststellungen darf die Frage abgeleitet werden, ob diese »Sprachregelung«, d. h., ob die Ablösung des Begriffs »Sachrechnen« durch den der »Sachaufgaben« auch eine substantielle Veränderung der Denk- und Betrachtungsweisen dieses Gegenstandsbereichs im Rahmen des Mathematischen signalisiert. Die genaue Analyse des Gesamtansatzes wie auch der Detailaussagen macht in der Tat die inhaltliche Neuorientierung deutlich, die zum einen durch die stärkere Ausrichtung am mathematischen Gegenstand und zum anderen durch die Betonung operativer Elemente bestimmt wird.

Die Forderung nach Sachaufgaben findet sich am Ende eines jeden Kapitels im Sinne von Anwendungsfeldern der erarbeiteten bzw. erlernten Grundrechenarten mit natürlichen und mit Bruchzahlen sowie mit geometrischen Inhalten. Eigens wird jedoch betont, daß die Sachaufgaben über diese Anwendungsfunktion hinaus als Mittel zur Aktivierung logischen und problemlösenden Denkens zu verstehen sind und zur Steigerung der mathematischen Fähigkeiten wesentlich beizutragen vermögen.

Und immer wieder wird verdeutlicht, daß sich die Arbeit an Sachaufgaben über den gesamten Abschnitt zu erstrecken habe und nicht nur als Abschluß und Anwendung erlernter Operationen zu verstehen sei. Dazu erhalten die Sachaufgaben spezifisch mathematische Zielrichtungen, wenn es z. B. darum geht, an Hand von Sachzusammenhängen die Notwendigkeit und den Gebrauch von Klammern zu verdeutlichen und diese Arbeit im Verlauf der beiden Jahrgangsstufen schrittweise zur Endform Gesamtterm bzw. zur Fixierung der mathematischen Zusammenhänge in der Gleichung zu führen.

Die Arbeit innerhalb der einzelnen mathematischen Inhaltsbereiche, die erworbenen, erlernten Begriffe und Denkweisen werden in diesem Sinne zu einem sich ständig erweiternden Instrumentarium, das der Bewältigung von Sachaufgaben zugute kommt und seinerseits variable Anwendungs- und Transferfelder vorfindet. So ergänzen und befruchten sich mathematische und rechnerische Denk- und Verfahrensweisen auf der einen und die Arbeit an Sachaufgaben auf der anderen Seite gegenseitig.

Vor diesem Hintergrund bleibt die frühere Auseinandersetzung um Namen, um Bezeichnungen, um Ordnungen und Klassifizierungen bzw. die Unterscheidung in »eingekleidete Aufgaben«, in »Textaufgaben« und in das »eigentliche Sachrechnen« ohne Belang. Viel wesentlicher ist die Auseinandersetzung mit der Struktur, die den Begriff der »Sachaufgaben« schlechthin bestimmt und unabhängig davon gesehen und erkannt werden muß, ob es sich um einfache, eingliedrige bzw. einlinige Aufgaben oder um ganze Komplexe von Zusammenhängen handelt. Diese Struktur wird von vier Aspekten bestimmt, die die Ablösung der Bezeichnung »Sachrechnen« durch den umfassenderen Begriff »Sachaufgaben« verdeutlichen.

Der sachliche Aspekt

Sachaufgaben werden durch einen Sachverhalt, durch einen Sachfall einfacher oder komplexer Art, durch eine Sachsituation bestimmt, in der Größen (und Zahlen) auftreten, die zueinander in einer bestimmten Beziehung

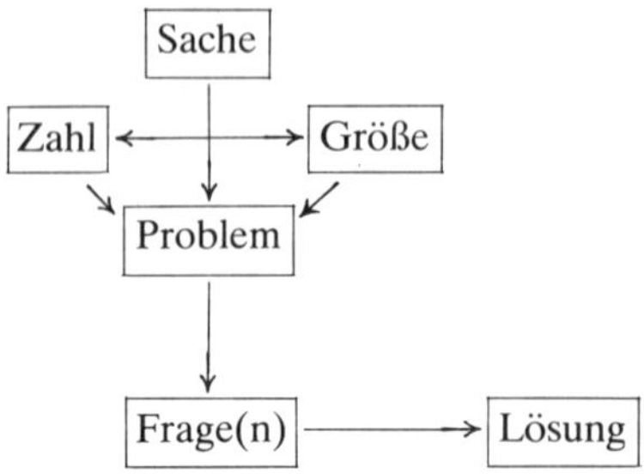

stehen. Es handelt sich um mindestens zwei Zahlenwerte, durch deren mathematische Verknüpfung ein dritter gefunden wird, der seinerseits zur Lösung des quantitativ umschriebenen Sachverhalts führt. Ein weiteres Charakteristikum der Sachaufgaben stellt das durch die angesprochenen Beziehungen zwischen Sache, Zahl und Größe aufgeworfene Problem dar, aus dem es entsprechende Fragen herauszulösen gilt. Sind diese Fragen beantwortet bzw. der gesuchte Zahlenwert in den Sachverhalt eingegeben, so haben sich damit die Beziehungen der Größen untereinander insofern geändert, als die gefundene Aussage als Feststellung einen Sachverhalt umschreibt, der keinerlei Fragen offenläßt.

Der Sachverhalt drückt die Art der Verknüpfung in Formen konkreter Vorgänge und Handlungen aus. Oder anders gesagt: Die Vorgänge und Handlungen weisen auf bestimmte Arten von Verknüpfungen hin.

Betrachten wir die Sachverhalte, die in der Regel bei Sachaufgaben auftreten, so sind sie zum größten Teil fiktiver Art, auch wenn sie noch so »lebenswahr« und sachgerecht erscheinen. Fiktiv sind sie insofern, als sie Situationen beschreiben, die es tatsächlich gegeben hat oder gibt, die aber von sich aus bzw. aus sich heraus für den Schüler keine zwingende Notwendigkeit zur Auseinandersetzung, Bearbeitung und Lösung ergeben. Die Erwartung, daß Sachsituationen durch sich selbst motivieren, sollte nicht zu hoch eingeschätzt werden.

Sicher mag es für Schüler interessant sein, durch die Auseinandersetzung mit Sachaufgaben zu erfahren, wie groß z. B. die Gesamtausgaben einer Gemeinde für ihre Schule, für einen Schüler sind, wieviel eine Stadt für die Stadtreinigung ausgibt, wieviel die jährlichen Stromkosten für einen Familienhaushalt ausmachen, und wie hoch die Ausgaben für die Reise in den Süden sind. Hier handelt es sich ohne Frage um »lebensechte« Situationen, mit denen sich der Schüler jedoch wie in einem Planspiel befaßt und die für ihn deshalb letztlich fiktiv bleiben.

Die Zahl der Situationen, die den Schüler personal tangieren, ihn zur Auseinandersetzung mit dem zahlbezogenen Sachverhalt motivieren, ja zwingen, ist demgegenüber gering. Es gibt ohne Frage Situationen und Fälle, z. B. im Sachunterricht, die »erkenntnisschaffenden« (Jeziorsky) Charakter haben, die den Schüler intrinsisch motivieren und zu weitgehend neuen Einsichten und »fruchtbaren Momenten« (Copei) führen. Daneben werden alle jene Sachverhalte anzuführen sein, die den Schüler als Person betreffen, ihn meist als echten Konsumenten ansprechen, wenn es sich z. B. um die Ausgaben für eine geplante Klassenfahrt bzw. ein personal bezogenes Vorhaben handelt und um Fragen, die seine Existenz (Ausbildung – Kosten etc.) tangieren.

Von den meisten Aufgabenfeldern aber sollte der Lehrer keine großen Motivationsimpulse erwarten. Die angesprochenen, mehr oder weniger fiktiven alltäglichen Sachfälle lösen kaum Begeisterung aus und sind in der Regel auch nicht so »verpackt«, daß sie über Neugierde zu Interesse führen.

Die Motivation zur Auseinandersetzung mit Sachaufgaben geht, so gesehen, nur in seltenen Fällen von ihren Inhalten aus. Diese Überlegung muß zu Konsequenzen für die didaktische Anlage und die methodische Gestaltung von Sachaufgaben im Unterricht führen und von dieser Seite aus motivational wirksam werden. Dafür bietet das operative Prinzip wertvolle Anregungen und Impulse, wie später auszuführen sein wird.

Der sprachliche Aspekt

wird durch die Fixierung des Sachverhalts bzw. durch seine Umschreibung in verschiedenen Formen von Texten bestimmt. Das können ausführliche, anekdotisch formulierte Sprachganze sein, Formen, die zum Teil auch Feststellungen und Aussagen aufgenommen haben, die für die Darstellung der Verknüpfung ohne Bedeutung sind; das können aber auch stichwortartige Texte sein, die nur das Nötigste umschreiben und nur soviel Kontext aufweisen, wie zum Verständnis des sachlichen Zusammenhangs unumgänglich ist. Daneben lassen sich kombinierte Formen von Text- und Bilddarstellung denken, die sich in ihren Aussagen gegenseitig ergänzen. Bilder können natürlich auch, wie es häufig geschieht, lediglich der Illustration dienen und keinerlei »Sachaussage« zum Sachfall selbst aufweisen.

Reine »Bildtexte«, Bilder also, die auf verbale Sprache verzichten, werden die seltene Ausnahme sein und sich auf einfachste, unzweideutig darstellbare bzw. erkennbare Fakten beschränken müssen. Die Ursache für diese Einschränkung liegt in der Schwierigkeit, Abläufe zweidimensional in der Fläche darzustellen, ohne die unterschiedlichsten Interpretationen zu provozieren. Die Dimension des zeitlichen Nacheinanders ist zumindest auf die Darstellung ganzer Bildreihen angewiesen.

Deshalb bleibt die Sachaufgabe, bis auf wenige Ausnahmen (sog. Situationsbilder mit eindeutiger Struktur und der Möglichkeit variabler sprachlicher Ausdeutung), auf die Sprache, auf den Text angewiesen.

Daß dieser Text bestimmten Kriterien zu entsprechen hat, bestimmte Merkmale aufweisen muß, die auf die Verbindung von Sache, Sprache und Zahl hin orientiert sein müssen, wird neben anderen Lerninhalten auch Gegenstand des Unterrichts sein. In diesem Sinn sind Sachaufgaben in Textform gefaßte Darstellungen von Sachverhalten mit Zahlen und Größen. Oder anders formuliert: Alle Sachaufgaben sind in diesem Sinn Textaufgaben, weil die Sachverhalte in die Form von Texten gefaßt sind.

Texte eignen sich für die Darstellung von Sachfällen besonders gut, weil sie sowohl den Dimensionen von Zuständen wie auch von Vorgängen, von Situationen und Handlungen in verschiedenen zeitlichen Zusammenhängen gerecht werden, mit Hilfe der sachgerechten Sprache Hinweise zur Lösung der anfallenden Probleme liefern und Wege der Herauslösung von Strukturen mathematischer Art eröffnen. Dabei spielen bestimmte »Signalwörter« (meist Verben) eine besondere Rolle.

Der mathematische Aspekt

einer Sachaufgabe wird durch die Beziehungen, die zwischen den Größen (und Zahlen) innerhalb eines Sachverhalts bestehen, bestimmt und verdeutlicht die Art dieser Beziehungen, die über das Zahlenmäßige selbst hinausgehen. Auf diese Weise werden Relationen, Funktionen, Mengenbeziehungen aller Art und geometrische Bezüge erkannt, Einsichten und Erfahrungen gewonnen, die dazu beitragen, »mathematische Strukturen«

aufzubauen. Diese Strukturen, die verschiedenen Arten von Verknüpfungen bzw. Operationen, treten herausgelöst aus dem Sachbezug zunehmend stärker in den Vordergrund und werden mit entsprechendem mathematischem Vokabular bezeichnet. Hier finden Sprechweisen und Bezeichnungen Anwendung, die Begriffe und begriffliche Zusammenhänge verdeutlichen. Buchstabenterme und andere Darstellungsformen tragen zur fortschreitenden Abstrahierung von den konkreten Gegebenheiten bei.

Die Auseinandersetzung mit dem mathematischen Aspekt von Sachaufgaben ist ein wesentliches Merkmal der Reform und führt über die bisherigen Ziele des Rechenunterrichts hinaus. Unter diesen Gesichtspunkten werden mathematische Sprechweisen, Begriffe und Gesetzmäßigkeiten aufgegriffen und angewandt, die im Rahmen fachinhaltlich orientierter Gegenstandsbereiche behandelt wurden. Konkret seien dabei Mengenbegriffe und Mengendenkweisen, die Begriffe Term (Gesamtterm), Aussage, Aussageform, Gleichung und Ungleichung, Lösungsmenge und die mathematischen Elementargesetze (Kommutativgesetz, Assoziativgesetz, Distributivgesetz im arithmetischen wie im Mengenbereich) genannt.

Der rechnerische Aspekt

bezieht sich auf die Umformung der in den Sachverhalten angelegten Verknüpfungen in Ziffern und Zeichen. Hier sind die Bereiche »Rechnung« und »Ausrechnung« gemeint, die zur zahlbestimmten Lösung der angesprochenen mathematischen Probleme und Fragen führen.

In der 5./6. Jgst. handelt es sich im wesentlichen um den Gebrauch bzw. die Anwendung der vier Grundrechenarten mit natürlichen Zahlen und mit Bruchzahlen in der Bruchstrich- bzw. Dezimalbruchschreibweise.

Dieser Aspekt löst sich mehr und mehr von den eigentlichen Sachbezügen und hat Rechentätigkeiten und Rechenergebnisse im Auge, die nach dem Einblick in die mathematischen Zusammenhänge zu zahlbestimmten Lösungen führen, die ihrerseits in der Form von Antwortsätzen eine sachbezogene Ausprägung erfahren.

Die verschiedenen Formen der Ausrechnung wenden die erlernten Rechentätigkeiten und Normalverfahren sachgerecht und ökonomisch an. Hier wird deutlich, daß die Reform weiterhin auf rechnerischen Fertigkeiten und Fähigkeiten bestehen muß, d. h., daß es unumgänglich ist, z. B. die Normalverfahren zu beherrschen und variable Trainingsformen auch in diesem Bereich zu entwickeln, die zu Können und Sicherheit führen.

Eine besondere Art von Aufgaben,

für die es in der Didaktik keine allgemein verbindliche Bezeichnung gibt, stellen die »Wortformen von Operationen« (Lehrplan) dar. Hierbei handelt es sich um Aufgaben in Verbalform (sprachlicher Aspekt), die mathematische Fundamentalbezüge (mathematischer Aspekt) beschreiben und in verschiedenen Formen rechnerischer Aktivität (rechnerischer Aspekt) zur

Lösung gelangen, ohne jedoch einen Sachverhalt anzusprechen. Bei diesen Aufgaben fehlt der sachliche Aspekt. Es handelt sich, wie bei den Sachaufgaben, gleichfalls um Texte, die Anzahlen bzw. Größen und deren Beziehungen zum Gegenstand haben, also in diesem Sinne auch Textaufgaben sind, bei denen z. B. die Frage lauten kann, wie groß die Summe aus a und b abzüglich des Produktes aus c und d ist. Die Bezeichnung »Verbalterm« erscheint wenig glücklich, weil es Terme gibt, die als isolierte Zahl, als Platzhalter oder Buchstabe keine Textformulierung erlauben.

Diese Art von Aufgaben zielt auf die Entwicklung der Fähigkeit der Umsetzung von Wortformen in die »mathematische Sprache« (Lehrplan) und ihre Schreibform mit Ziffern und Zeichen. Diese Aufgaben tragen dazu bei, Terme und Gleichungen in Sachaufgaben aufzuspüren bzw. sie aus ihnen herauszulösen und ohne Sachbezug formulieren zu lernen. Andrerseits bietet sich die Möglichkeit, zur mathematischen Struktur einer Aufgabe passende Sachverhalte finden und diese zu Sachaufgaben im oben beschriebenen Sinn umformen zu lassen. Diese »Wortformen« sind im Lehrplan immer wieder angesprochen.

Wesentlich dabei ist für den Schüler die Erkenntnis, daß der gleiche mathematische Zusammenhang, die gleiche Beziehung oder Verknüpfung in verschiedenster Form ausgedrückt werden kann. Die gleiche Struktur kann in der mit Sachverhalten umschriebenen, mit Sachfällen konkretisierten Form bzw. in der sog. reinen Wortform, in Buchstabenform und mit Ziffern und Zeichen, ausgedrückt werden. Der Schüler muß erkennen, daß es sich hierbei nur um Unterschiede in der Form der Darstellung, nicht aber in der Substanz handelt. Diese Grundeinsicht muß auf allen Stufen des Unterrichts immer wieder verdeutlicht, gezielt herausgestellt und gefestigt werden.

Zusammenfassung und Übersicht

Sachaufgaben

Sachlicher Aspekt	Sprachlicher Aspekt	Mathematischer Aspekt	Rechnerischer Aspekt
Sachfall Sachsituation Sachverhalt konkreter Fall Handlung Geschehen Geschehen Vorgang Zustand	ausführlicher Text Stichworttext Kombination von Bild und Sprache (Bildtext)	mathematische Struktur Verknüpfungen Beziehungen Relationen Funktionen Aussageformen Mengenbeziehungen geometrische Beziehungen Terme Gleichungen Ungleichungen	Rechnung mit Ziffern und Zeichen Grundrechenarten Rechentätigkeit Fertigkeit Rechenergebnisse

Sachaufgaben und operatives Prinzip

Die Reform des Mathematikunterrichts auf allen Stufen der Schule ist ohne die Einbeziehung der wesentlichen Inhalte des operativen Prinzips nicht denkbar. Angeregt durch die Forschungen des Psychologen Piaget hat der Mathematik-Didaktiker Zoltan P. Dienes weltweite Impulse gegeben, die bereits vor der eigentlichen amtlichen Reform in die deutsche Rechendidaktik Eingang gefunden hatten und durch die erste euphorische Phase der Mathematikreform verdrängt zu werden schienen. In dieser Reformeifer(er)zeit Ende der 60er, Anfang der 70er Jahre entstand der Eindruck, daß die mathematische Reform identisch sei mit der konsequenten und völligen Ablösung des arithmetisch orientierten Rechenunterrichts durch die »Mengenlehre«. In dieser Zeit schien das operative Prinzip jede Bedeutung verloren zu haben. Dienes war einer der ersten, die diesem Irrtum ein Ende bereiteten und das große Mißverständnis deutlich machten. Und das unter anderem ausgerechnet am »Mengenlehrekongreß« 1974 in München.

Der Mathematikreform und damit dem amtlichen Lehrplan geht es weniger um die Veränderung der Inhalte als um die Frage der Vermittlung der Inhalte dieses Gegenstandsbereichs. »Je weiter man in der Altersstufe nach unten geht, um so wichtiger wird der Faktor ›Präsentation‹ im Vergleich zum Faktor ›Inhalt‹, zum Faktor Lehrstoff. Jeder Lehrer weiß, daß die Art und Weise, wie eine Aufgabe präsentiert wird, einen ungeheuren Einfluß darauf hat, ob ein Schüler die Aufgabe erfolgreich durchführen oder ob er an ihr scheitern wird.«[1]

Dienes spricht immer wieder von der Psychodynamik, von der die mathematische Lernarbeit getragen und geleitet sein muß. Er kennzeichnet sechs Stufen, die beim Erlernen mathematischer Strukturen unabdingbar sind, Aufbaucharakter haben und nicht ohne Schaden unberücksichtigt bleiben dürfen. (Konkrete Operation – Konstruktion – Vergleich – Darstellung – Symbolisation – Transfer)

Er betont die Notwendigkeit der Einübung der Fähigkeit des Klassifizierens, des Abstrahierens, des Verallgemeinerns, des Kodierens, Dekodierens und Transkodierens. Er möchte ein »Laborklima schaffen, in dem die Kinder ihre eigenen Forschungen anstellen können – unter der Leitung eines einfallsreichen Lehrers, der seine Arbeit versteht, mit anderen Worten die mathematischen Haupt- und Seitenstraßen kennt, aber auch die psychologischen Prozesse, die das Kind durchläuft, und die Hürden, die es nehmen muß.«[2]

Die Aktivitäten des Schülers, die Schulung seiner Denkfähigkeit, seiner Beweglichkeit im Tun und Denken, im Fragen und Verstehen, im Lösen und Antworten, im Entdecken und Finden stehen in der so gesehenen Reform des Mathematikunterrichts im Mittelpunkt. Und das geschieht im variablen Durchleuchten von Zusammenhängen, im Betrachten der gleichen Sache von verschiedenen Standpunkten aus, im Aufspüren von unterschiedlichen Betrachungsweisen, in einer zielstrebigen Analyse und Synthese von neuen Aspekten, in der Umkehrung von Situationen, im Aufsuchen, Einschlagen und Erproben von verschiedenen Wegen, im Durchführen verschiedener Maßnahmen, im Einsatz unterschiedlicher Mittel und Materialien.

Diese Aktivitäten gehören im Sinne von Piaget, Aebli und Dienes zu den Merkmalen und Formen des Operierens und werden mit den allgemein gebrauchten Signalwörtern Reversibilität, Assoziativität, Transitivität, Identität und Transformation skizziert.

Allgemeine Aussagen zu diesen Signalwörtern finden sich leicht; weniger leicht dagegen konkrete Hinweise auf deren unterrichtspraktische Realisation.

Dieser Beitrag versteht sich als möglicher Vorschlag in dieser Richtung. Er möchte im folgenden konkrete Modelle zur Verwirklichung der mathematischen Lernarbeit an Sachaufgaben anbieten, die im Sinne der Forderungen Dienes' zu verstehen sind, »man sollte Kindern gestatten, im Unterricht miteinander zu diskutieren, sie sollten Wahlmöglichkeiten bekommen und sich bestimmten selbst gewählten Formen der Lösung zuwenden. – Sie sollten eine größere Auswahl erhalten, *wie* sie ein Problem lösen könnten. Sie sollten sogar dazu ermutigt werden, bei gegebenen Aufgaben die Problemstellung zu ändern. Eine der interessantesten und wünschenswertesten Fähigkeiten im modernen Leben ist, ein Problem anders sehen zu können, es zu ›reformulieren‹. – Wenn der Lehrer das letzte Wort hat, wie ein Problem formuliert werden muß und wie es gelöst werden muß, dann wird keines der oben genannten Ziele erreicht werden. Dann wird den Kindern weiterhin nur beigebracht, wie ein spezielles Problem auf spezielle Art und Weise gelöst werden muß, was sie natürlich in der Praxis niemals brauchen werden.«[3]

In den folgenden Darlegungen über die konkrete Unterrichtsarbeit mit Sachaufgaben stehen die hier umschriebenen Grundlinien des operativen Prinzips im Mittelpunkt der Überlegungen. Sie wollen vor allem aufzeigen, daß die ausgearbeiteten Vorschläge in der Absicht unterbreitet werden, die Schüler für die Mathematik, besonders im Gegenstandsbereich Sachaufgaben, von der lernpsychologisch begründeten didaktischen Anlage und methodischen Gestaltung her zu interessieren, zu motivieren und zu aktivieren.

So gesehen wird durch die Aufnahme der lernpsychologischen Impulse Mathematik zu einer Lernarbeit, die Interesse wecken, ja sogar Freude bereiten kann, und an die Stelle starrer Schemata und Formen tritt ein Instrumentarium, das Experimente initiiert und ein bewegliches, abwechslungsreiches Tun, Denken und Anwenden bewirkt.

Mit diesen allgemein gefaßten Aussagen und Feststellungen sollen die grundlegenden Erörterungen zum operativen Prinzip in die konkreten Vorschläge der unterrichtlichen Realisation einmünden und im Sinne des Konzepts der vorliegenden Handreichungen Grundelemente möglicher Lernarbeit beschreiben.

Operative Lernarbeit an Sachaufgaben

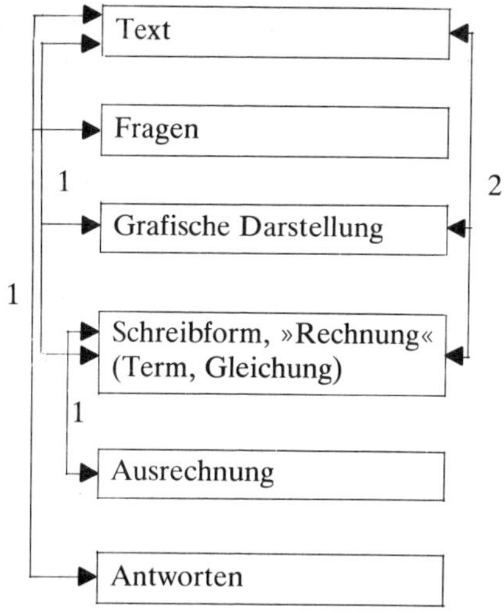

1: Durch diese Pfeile sollen die wechselseitigen Beziehungen zwischen den einzelnen Schwerpunktbereichen verdeutlicht werden. Auf sie sollte der Unterricht gezielt eingehen.

2: Diese Pfeile weisen darauf hin, daß es notwendig ist, den Schülern immer bewußtzumachen, daß der gleiche Sachverhalt, die gleiche mathematisch bestimmte Situation in verschiedenen verbalen und grafischen Formen dargestellt werden kann. Es ändert sich jeweils lediglich die Form der »Sprache« (verbale Sprache – mathematische Sprache – Zeichensprache).

Die folgenden Abschnitte stellen Vorschläge zur Gestaltung dieser Lernarbeit im operativen Sinn dar.

Jeder der dargestellten Schwerpunktbereiche kann Mittelpunkt der Arbeit an bzw. mit Sachaufgaben innerhalb einer Unterrichtseinheit sein. D. h., daß im Zentrum einer Einheit einmal die Arbeit am Text und an den Fragen, ein anderes Mal die Probleme der variablen grafischen Darstellungsmöglichkeiten, der Fixierung der sog. Rechnung (Term, Gleichung) sowie der Ausrechnung und der Formulierung von Antworten und der entsprechenden fortführenden Arbeit stehen können. Natürlich lassen sich auch die Aktivitäten mehrerer Schwerpunktbereiche zusammenfassen. Es ist jedoch, gerade im Sinne des operativen Prinzips keineswegs nötig (wenn auch theoretisch möglich), alle angesprochenen Schwerpunktbereiche an einer einzigen Aufgabe in einem Durchgang in der nachfolgend beschriebenen Weise zu bearbeiten.[4]

Es wird vielmehr empfohlen, die gewählten Schwerpunktbereiche an verschiedenen Beispielen modellhaft durchzuarbeiten und damit ein gesichertes Instrumentarium zu schaffen, das bei anderen Aufgaben flexibel angewandt werden kann.

Schwerpunktbildung, Auswahl, gezielte Entwicklung von Fähigkeiten, Einschulung von Fertigkeiten, Sicherung von »Arbeitsweisen« zur Bewältigung von Sachaufgaben bestimmen die folgenden Anregungen und Vorschläge, die Wege aufzeigen, die Behandlung von Sachaufgaben beweglich, variabel, einfallsreich und motivierend zu gestalten.

Lernarbeit am Text

Der Text wird im Sinne der Durcharbeitung von verschiedenen Seiten her betrachtet, analysiert und umgeformt, wobei das Verständnis der Schüler für den Zusammenhang von Sachaussage und mathematischer Struktur zunehmend verbessert und verstärkt wird. Diese Durcharbeitung hat die Fähigkeit der Schüler im Auge, die sprachlich-inhaltliche Komponente von der eigentlichen mathematischen Frage- und Problemstellung zu unterscheiden und durch entsprechende Formen der operativen Übung zu sichern.

Der Text wird verkürzt

Die Schüler erhalten die Aufgabe, den Text sprachlich so zu verkürzen, daß er, von allem Beiwerk befreit, die situativen Beziehungen und die Verknüpfungen von zahlbestimmten Größen erkennen läßt. Der Text wird schließlich auf Stichpunkte und Stichworte reduziert, auf telegrammartige Aussagen mit Wörtern und Zahlen, ohne den Sachverhalt und die mathematische Struktur zu verändern.

Beispiel:

Am Montag hat die Installationsfirma Bauer für eine Reparatur im Hause die Rechnung geschickt. 18,00 DM wurden für die Anfahrt verrechnet, 12,80 DM kostete das sogenannte Kleinmaterial. Für zwei Wasserhähne wurden je 18,50 DM aufgeschrieben, und schließlich verlangte die Firma 32,00 DM für jede Monteurstunde. Die beiden Monteure hatten jeder drei Stunden zu tun. Vater überprüft die Rechnungssumme.

Mögliche Ergebnisse der Schülerarbeit:

1. Ein Reparaturdienst stellt folgende Rechnung: Anfahrt 18,00 DM, Kleinmaterial 12,80 DM, zwei Wasserhähne zu je 18,50 DM und drei Arbeitsstunden zu 32,00 DM pro Stunde für zwei Monteure. Wie teuer kommt die Reparatur?
2. Reparaturkosten: 18,00 DM (Anfahrt), 12,80 DM (Kleinmaterial), 18,50 DM (Wasserhahn, 2 Stück), 32,00 DM (Monteurstunde, 2 Monteure, je drei Stunden).
3. Reparaturkosten: 18,00 DM/Anfahrt
   12,80 DM/Kleinmaterial
   18,50 DM · 2/Wasserhähne
   32,00 DM · 3 · 2/Monteurkosten
   ☐ Gesamtkosten

4. Summanden: 18,00 DM, 12,80 DM, 18,50 DM (·2), 32,00 DM (·2·3).
Wie groß ist die Summe (der Wert der Summe)?

Der Vergleich der verschiedenen Fassungen macht die unterrichtliche Absicht deutlich: Der Schüler soll erkennen, daß die Form der Textfassung durchaus unterschiedlich sein kann, ohne damit Zahlenwerte sowie deren Verknüpfungen bzw. Operationen zu verändern. Die Aufgabenstruktur tritt durch die Verkürzung immer deutlicher hervor. Beim letzten Beispiel löst sich die Formulierung von der konkreten Situation. Hier steht die mathematische Struktur im Vordergrund. Die Sach- und Handlungsbezüge lassen sich aus dieser Form nicht mehr ableiten, wohl aber die Art der mathematischen Verknüpfung.

Der Text wird erweitert

Durch anekdotisches Ausmalen der Situation wird die Bedeutung der Kernaussagen auf indirekte Weise herausgestellt. Die unterschiedlichen Ergebnisse bei den Schülern veranlassen zu Vergleichen. Die einzelnen Vorschläge werden in einem zweiten Durchgang wieder auf die Kernaussagen reduziert, indem alle überflüssigen Angaben (Beiwerk) entfernt werden.

Diese Übungen schärfen den Blick der Schüler für nötige und überflüssige Aussagen und machen sie Textformulierungen gegenüber kritisch.

Die Sachaufgabe wird verändert

- Text und Maßeinheiten werden beibehalten, die Maßzahlen und Anzahlen dagegen verändert (z. B. verdoppelt, halbiert, unregelmäßig vergrößert bzw. verkleinert – Gespräch über die vermutete Auswirkung dieser Abänderung).
- Text und Zahlen werden beibehalten und die Größen ausgetauscht. Daß diese Form der Veränderung bestimmten Beschränkungen unterworfen ist, haben die Schüler schnell begriffen.
- Der Text wird beibehalten, Größen und Zahlen werden durch andere ersetzt.
- Größen und Zahlen bleiben gleich; der Text wird ohne Austausch des Sachverhalts und der mathematischen Struktur verändert.
- Größen und Zahlen werden beibehalten; der Text wird unter Veränderung des Sachverhalts bei gleichbleibender Struktur neu formuliert.
- Text, Zahlen und Größen werden verändert; die Operationsstruktur bleibt gleich.

usw.

Die Aufgaben zur Arbeit am Text wie bei allen folgenden Schwerpunktbereichen können sowohl im Klassenverband wie auch in der differenzierten Form mit Gruppen durchgeführt werden. Letzteres sollte der Lehrer jedoch auf jeden Fall anstreben, weil dabei die individuellen Leistungsvoraussetzungen der Schüler bzw. ihre Leistungskapazität besser berücksichtigt werden können. Das heißt, daß die zuletzt aufgeführten Aufgabenvarianten nicht von allen Schülern verlangt werden. Wenn ein leistungsschwacher Schüler jedoch neben der gegebenen auch nur *eine* weitere mögliche Form der Textdarstellung selbst findet, so hat er damit auf jeden Fall einen Fortschritt im Sinne unserer Zielstellung erreicht.

Praktisch kann sich die Arbeit in der Weise vollziehen, daß die leistungsschwächeren Gruppen einfache Textreduzierungen und Veränderungen in der Anordnung der Texte vornehmen, die leistungsstarken hingegen die Formulierungen in den sogenannten Wortformen ohne Sachbezug mit mathematischem Vokabular anstreben.

Vom Text zum Term – zur Gleichung

Die intensive Durcharbeitung des Textes führt nicht selten direkt zum sogenannten Ansatz, zum Term (Gesamtterm) oder zur Gleichung. Es würde der Grundintention der mathematischen Arbeit widersprechen, wollten wir die Schüler, die bereits auf dieser Stufe zur Endform der Verknüpfung in »mathematischer Sprache« vordringen, daran hindern, diesen Schritt zu vollziehen. Dieser Schritt darf jedoch in keinem Fall erzwungen werden. Wir müssen gerade den leistungsschwächeren Schülern den Zugang zum Verständnis dieser Zusammenhänge durch intensive Arbeit, z. B. an den Formen der grafischen Darstellung, schrittweise eröffnen.

Lernarbeit an den Fragen

Die Schüler formulieren die aus dem Text ableitbaren Sachfragen nach ihrem sprachlichen Vermögen. Dabei geht es zunächst um sachbezogene, situationsgerechte Fragen, die das konkrete Handlungsgeschehen miteinbeziehen. Lehrer und Schüler müssen wissen, daß es die schlechthin beste (am besten formulierte) Frage nicht gibt, und daß auch hier das Prinzip, das immer wieder deutlich wird, Geltung hat: Der gleiche Sachverhalt kann auch in der Frageform verschiedene Ausprägungen finden.

Die auf unterschiedliche Weise formulierten Fragen werden nach sach- bzw. handlungsorientierten und mathematisch ausgerichteten Formen unterschieden, fixiert und verglichen.

Beispiel:

Einfacher Vergleich zweier Größen – Subtraktion
»Wo kauft Frau M. billiger ein?«
»Wo erhält sie die Waren günstiger?«
»Wo spart sie mehr Geld?«
»Wo wird sie kaufen?«
»Wo ist es für sie vorteilhafter?«
»Bei wem erhält sie den günstigsten Preis?«
»Wie groß ist der Unterschied zwischen □ und □ ?«
»Wie groß ist die Differenz von □ und □ ?«
»Wie heißt das Ergebnis der Subtraktion aus □ und □ ?«

»Wie groß ist der Unterschied, wenn ich die beiden Zahlen □ und □ vergleiche?«
»Wie heißt die Differenz aus dem Minuenden □ und dem Subtrahenden □?«
»Welche Anzahl (Mächtigkeit) hat die Restmenge bei gegebener Grundmenge □ und der Teilmenge □ ?«
usw.
Bei diesen Übungen spielen sogenannte Signalwörter eine besondere Rolle, die Hinweise auf die Art der mathematischen Verknüpfung geben (weniger, mehr, günstiger als, vorteilhafter . . .).

Interessant kann auch die Aufgabe sein, aus vorgegebenen sach- und gegenstandsbezogenen (mathematischen) Fragegruppen mit Schülern des A-Niveaus Texte zu erfinden, die den in den Fragen vorkommenden Angaben entsprechen.

Beispiel:

1. Wieviel Liter werden in Fäßchen verkauft?	**1.** Wie groß ist die 1. Teilmenge?
2. Was kosten 13 Fäßchen?	**2.** Wie groß ist das Produkt aus der Anzahl der Fäßchen und dem Preis pro Stück?
3. Wieviel Liter werden offen verkauft?	**3.** Wie groß ist die 2. Teilmenge?
4. Wie groß ist die Einnahme aus den offen verkauften Litern?	**4.** Wie groß ist das Produkt aus der Anzahl der offen verkauften Liter und dem Preis für einen Liter?
5. Was nimmt Herr B. insgesamt ein?	**5.** Wie groß ist die Summe aus dem Produkt 1 (siehe Frage 2; 1. Summand) und dem Produkt 2 (siehe Frage 4; 2. Summand)?

Lernarbeit an der grafischen Darstellung

In diesem Schwerpunktbereich sind die verschiedenen Formen der grafischen Darstellung mathematischer Zusammenhänge und Beziehungen gemeint, mit deren Hilfe die Operationsstruktur stärker verdeutlicht wird und gerade den schwächeren Schüler die notwendigen Einsichten in die Zusammenhänge gewinnen läßt.

In der 5./6. Jgst. lösen wir uns mehr und mehr von der erzählend-anekdotischen Darstellungsform, die im wesentlichen eine Illustration des Sachverhalts ist und über die inneren Zusammenhänge, über die mathematischen Beziehungen und Verknüpfungen nichts oder wenig aussagt.

Die möglichen Formen können nur stichwortartig wiedergegeben werden.[5]

Mögliche Formen grafischer Darstellung

Pfeildiagramm
Blockdiagramm
Mengendiagramm
Matrixdarstellung
Rechenplan-Lösungsplan
Bild-Gleichung
Operator-Darstellung
Zahlenstrahldarstellung
Felddarstellung
Kreisbilddarstellung
Simplex-Komplex-Darstellung
Funktionsgraph
Modelldarstellung (Geometrie)
usw.

Die verschiedenen, mit den Schülern entwickelten bzw. von ihnen gefundenen grafischen Darstellungsmöglichkeiten werden unter Berücksichtigung der konkreten Aufgabenstellung auf ihre Brauchbarkeit überprüft und in ihrem Aussagegehalt miteinander verglichen. Dabei werden die »Angaben« (Zahlenwerte, Größen) und Beziehungen (Verknüpfungen) in den einzelnen Darstellungen aufgesucht und danach befragt, ob sie direkt ablesbar (z. B. mit Verknüpfungszeichen) oder nur indirekt erkennbar (Leerstellen, Größenbeziehungen in Blockdiagrammen) sind.

Durch diese Arbeit lernen die Schüler eine Vielzahl von grafischen Darstellungsmöglichkeiten kennen, wenden diese Formen permanent an und erweitern damit ihr »Darstellungsinstrumentarium«.

Die Lernarbeit an den grafischen Darstellungsformen nimmt immer wieder Bezug auf die Grundeinsicht, daß es sich hierbei nur um eine andere Art von »Sprache« handelt und daß die substantiellen Elemente der Darstellungen auch in den entsprechenden Inhalten beim Text und in den Fragen vorhanden sind. Aussagen, Zahlenwerte, Größen, Beziehungen, Feststellungen des Textes und der formulierten Fragen werden in den grafischen Darstellungen aufgespürt und umgekehrt.

Zur Erleichterung lassen sich in den grafischen Darstellungen statt der Zahlenwerte (besonders bei großen Zahlen) ohne Schwierigkeit auch Buchstaben verwenden, die als Stellvertreter zu verstehen sind und die weiteren Formulierungen vereinfachen helfen.

Lernarbeit an der Schreibform

Damit ist die Fixierung aller mathematischen Zusammenhänge in der Form der »mathematischen Sprache« mit Ziffern und Zeichen, in der Form des Terms, des Gesamtterms und der Gleichung auch in Klammerschreibweise gemeint.

Die Fixierung in der mathematischen Kurzform mit Ziffern und Zeichen wird in der Regel direkt aus der grafischen Darstellung bzw. bei entsprechender Durcharbeitung aus dem Text und den aufgestellten Fragen abgeleitet und herausgelöst.

In der eigentlichen Lernarbeit am Schwerpunktbereich »Schreibform« kommt es wiederum darauf an, möglichst viele »Ansätze« zur Lösung der Verknüpfungen (Terme) bzw. Operationen und der evtl. Zusammenfassung zu einer Gesamtoperation (Gesamtterm) zu finden, die schließlich in eine Gleichung auch in Klammerschreibweise einmünden.

Ausgangspunkt kann zweckmäßigerweise die bisher im Volksschulrechnen geübte Form der stufenweisen Lösung von Einzeloperationen sein, die schließlich in der Endform zu einer »Rechnung« (Gesamtterm) zusammengefaßt werden.

Beispiel:

Otto schleppt eine schwere Tasche nach Hause. Er behauptet, in der Tasche seien mindestens 10 kg Waren. Kann das sein? Er hat eingekauft: 2 Brote zu je 750 g, 3 Pakete Teigwaren zu je 500 g, 450 g Wurst, 1,25 kg Fleisch, 2 Pakete Haferflocken zu je 1000 g und 0,125 kg Kaffee.

Mögliche Fixierungen in der Schreibform:

1. Stufenweise Umformung in Terme
$2 \cdot 750$ g, $3 \cdot 500$ g, $2 \cdot 1000$ g, 450 g, 1,25 kg, 0,125 kg; 10 kg

2. Umwandlung in die gleiche Maßeinheit
$2 \cdot 750$ g, $3 \cdot 500$ g, $2 \cdot 1000$ g, 450 g, 1250 g, 125 g; 10000 g
Oder:
$2 \cdot 0{,}75$ kg, $3 \cdot 0{,}5$ kg, $2 \cdot 1$ kg, 0,45 kg, 1,25 kg, 0,125 kg; 10 kg

3. Zusammenfassung von Termen
$2 \cdot 0{,}75\,\text{kg} + 3 \cdot 0{,}5\,\text{kg} + 2\,\text{kg} + 0{,}450\,\text{kg} + 1{,}25\,\text{kg} + 0{,}125\,\text{kg}$; 10 kg

4. Verbindung der Terme zu einem Gesamtterm
$10\,\text{kg} - 2 \cdot 0{,}750\,\text{kg} - 3 \cdot 0{,}5\,\text{kg} - 2\,\text{kg} - 0{,}450\,\text{kg} - 1{,}25\,\text{kg} - 0{,}125\,\text{kg}$
Oder:
$10\,\text{kg} - (2 \cdot 0{,}75\,\text{kg} + 3 \cdot 0{,}5\,\text{kg} + 2\,\text{kg} + 0{,}450\,\text{kg} + 1{,}25\,\text{kg} + 0{,}125\,\text{kg})$

5. Umformung in Gleichungen
$10\,\text{kg} - 2 \cdot 0{,}750\,\text{kg} - 3 \cdot 0{,}5\,\text{kg} - 2\,\text{kg} - 0{,}450\,\text{kg} - 1{,}25\,\text{kg} - 0{,}125\,\text{kg} = \square$
Oder:
$10\,\text{kg} - (2 \cdot 0{,}75\,\text{kg} + 3 \cdot 0{,}5\,\text{kg} + 2\,\text{kg} + 0{,}450\,\text{kg} + 1{,}25\,\text{kg} + 0{,}125\,\text{kg}) = \square$

Desgleichen lassen sich aus einer grafischen Darstellung, die zur Vereinfachung der Schreibung an Stelle von Zahlenwerten Buchstaben verwendet, verschiedene Gleichungen herauslösen und fixieren. Buchstaben sind hier Stellvertreter für Größen oder Anzahlen. Wesentlich ist in diesem Zusammenhang die Frage nach der Lösbarkeit der gefundenen Gleichungsansätze.[6]

Beispiel:

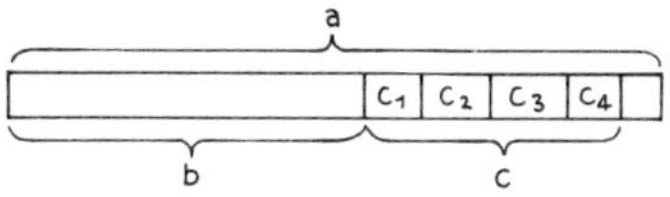

Mögliche Gleichungen (hier: Ergebnisse der Arbeit einer Schülergruppe in ungeordneter Reihenfolge)

$a = b + (c1 + c2 + c3 + c4) + \square$	$a = b + c + \square$
$a - b - c = \square$	$a - \square = b + c$
$a - (b + c) = \square$	$a - c = b + \square$
	$a - b = c + \square$

Beim Suchen und Fixieren der Gesamtterme und Gleichungen finden die in anderen Zusammenhängen erarbeiteten Grundeinsichten über die mathematischen Gesetzmäßigkeiten (Kommutativgesetz, Assoziativgesetz, Distributivgesetz) und die Regeln der Klammerschreibweise eine entsprechende Anwendung.

Auch bei der Lernarbeit in diesem Schwerpunktbereich weisen wir wiederum auf die Grundeinsicht hin, daß sich die Form der Darstellung im Text, in der Grafik und in der geschriebenen Kurzform nur in der Art der verwendeten »Sprache«, nicht aber in ihrer mathematischen Substanz (Struktur) unterscheidet.

Lernarbeit an der Ausrechnung

In der 5./6. Jgst. handelt es sich im wesentlichen um die Anwendung der vier Grundrechenarten sowohl im Sinne des Kopfrechnens wie auch als schriftliche Normalverfahren mit natürlichen Zahlen und Bruchzahlen in Bruchstrich- und dezimaler Schreibweise.

Vor der Ausrechnung ist es zweckmäßig und notwendig, die Ergebnisse zu schätzen bzw. zu überschlagen. Beim Schätzen sollte der Lehrer immer daran denken, daß der Schüler nur dann dazu in der Lage ist, wenn er über die Vorstellung von Vergleichsgrößen verfügt, die er als »Schätzmaß« verwendet.

Auch in diesem Schwerpunktbereich sollten die Schüler im Sinne des operativen Prinzips verschiedene Wege der Ausrechnung suchen. Damit sind sie in ein permanentes Training der Rechentechnik eingebunden, das nicht beziehungslos neben der übrigen Rechenarbeit steht.

An dieser Stelle sei eigens darauf hingewiesen, daß es unnötig ist, auf der Stufe der Ausrechnung die Maßeinheiten mitzuschleppen. Sie sind vorwiegend Ballast, der die Schreibarbeit erschwert und behindert. Durch die im vorangegangenen Abschnitt dargestellte Arbeit und Fixierung des Gesamtterms bzw. der Gleichung, die Maßeinheiten miteinbezieht, hat der Schüler unter Beweis gestellt, daß er den Zusammenhang zwischen Zahlenwerten und den relevanten Größen begreift.

Die Formen der Ausrechnung umfassen alle bekannten und herkömmlichen Arten von Normalverfahren. Das gilt sowohl von der schrittweisen (eine Operation isoliert von der anderen) Lösung ohne Zusammenfassung zu einem Gesamtterm wie durch das Einsetzen der errechneten (Nebenrechnung) Werte anstelle von nichtgelösten Operationen (mehrteilige Terme). Hier handelt es sich praktisch um eine Technik, deren Einführung keine großen Schwierigkeiten bereitet.

Anders ist es bei Formen, die auf die unmittelbare Anwendung der schriftlichen Normalverfahren verzichten und Gleichungen mit Hilfe von spezifischen mathematischen Denkarten unter Anwendung der bekannten Rechengesetze verändern und lösen.

Beispiel:

1. (327,25 + 28,50 + 114,25) − 218,25 = □

(355,75 + 114,25) − 218,25 = □

470,00 − 218,25 = 251,75

2. (327,25 + 28,50 + 114,25) − 218,25 = □
(327 + 28 + 114 + 0,25 + 0,50 + 0,25) − 218,25 = □
(327 + 28 + 114 + 1) − 218,25 = □
(427 + 28 + 15) − 218,25 = □
(427 + 43) − 218,25 = □
470 − 218,25 = □

Weitere Möglichkeit der Ausrechnung (Schülervorschlag):
470 − 218,25
270 − 18,25
269,75 − 18
251,75

3. Normalverfahren

327,25	
28,50	470,00
+114,25	−218,25
470,00	251,75

4. »Punktrechnung«. In der Waagrechten durchgeführte Addition bzw. Subtraktion, bei der jeweils die in die Teilrechnung einbezogenen Zahlen mit einem Punkt versehen werden.

(327,25 + 28,50 + 114,25) − 218,25 =

470,00 − 218,25 = 251,75

Lernarbeit an den Antworten

In diesem Schwerpunktbereich werden die durch die rechnerische Lösung gefundenen Antworten analog zu den Rechenfragen sowohl sach- wie auch gegenstandsbezogen (= in mathematischer Sprache) formuliert und einander gegenübergestellt. Die sachbezogenen Antwortsätze lassen eine Vielzahl von Ausprägungen zu.

Beispiel:

Sachbezogen:
Frau M. hat 27,50 DM bezahlt und auf einen 50 DM-Schein 22,50 DM herausbekommen.
Oder:
Frau M. hat beim Kaufmann 27,50 DM ausgegeben. Sie hat mit einem 50 DM-Schein bezahlt und 22,50 DM zurückerhalten.
Oder:
Die Ausgaben von Frau M. belaufen sich auf 27,50 DM; das Wechselgeld auf 50 DM beträgt 22,50 DM.
usw.

Gegenstandsbezogen:
Die Summe aller Ausgaben beträgt 27,50 DM; der Rest auf 50,00 DM beläuft sich auf 22,50 DM.
Oder:
Die Summe aller Ausgaben beträgt 27,50 DM. Die Differenz aus dem Minuenden (50 DM) und dem Subtrahenden (27,50) ist 22,50 DM.
usw.

Bei diesen Übungen kommt es auf variable Formulierungen an, die dem Schüler verdeutlichen, daß auch die Antworten, verschieden ausgeformt, die gleichen Inhalte zum Gegenstand haben. Natürlich ist es notwendig, die Qualität der Antworten auf Vollständigkeit und Genauigkeit hin zu überprüfen.

Die errechneten und in den Antworten formulierten Lösungen werden den vorher gestellten Fragen entgegengesetzt und Beziehungen zu grafischen Darstellungen hergestellt. Das kann dadurch geschehen, daß z. B. die Leerstellen eines Rechenplans mit den entsprechenden Lösungszahlen gefüllt werden, daß Operatorbilder die errechneten Zahlenwerte erhalten usw.

Schließlich wird der Ausgangstext der Sachaufgabe in der Weise umgestaltet, daß die errechneten Ergebnisse als Aussagen einbezogen werden. Die Schüler stellen fest, daß der auf diese Weise entstandene Text keine Fragen mehr aufweist, keine Probleme anspricht und das Charakteristikum der Sachaufgabe damit verloren hat. Aus der ursprünglichen »Aufgabe« ist eine Aussage (sind mehrere Aussagen) geworden, die einen Zustand, einen Vorgang oder ein Geschehen unter Verwendung von Größen (und Zahlen) umschreiben.

Eine neue Sachaufgabe

kann nunmehr dadurch »erfunden« werden, daß der oben beschriebene Aussagetext eine weitere Veränderung erfährt: Die errechneten Werte bleiben im Text; ursprünglich vorhandene Angaben werden entfernt. Damit stellen sich wieder neue Fragen sachlicher und mathematischer Art.

Dabei ist es unumgänglich, durch die Herausstellung der mathematischen Struktur dieser neuen Sachaufgabe die Frage der Lösbarkeit zu prüfen. Die Schüler erkennen auch auf diese Weise den Zusammenhang, der innerhalb einer Verknüpfung besteht, bei der in der Regel aus zwei gegebenen Zahlenwerten ein dritter errechnet wird. Und ferner erkennen sie, daß die Herauslösung und Hereinnahme von Größen nicht willkürlich erfolgen kann.

Dem methodischen Einfall in der Gestaltung der Lernarbeit an und mit Sachaufgaben sind keine Grenzen gesetzt. Wahl, Abfolge und Form der einzelnen Lernweisen werden in erster Linie von den Leistungsvoraussetzungen und vom Leistungsvermögen des Schülers, der Gruppe, der Klasse bestimmt. Das zwingt zu einer sachgerechten Differenzierung, die ein schrittweises, behutsames Heranführen an den Gegenstand, an die Zusammenhänge und Probleme und an die Möglichkeiten seiner Bewältigung bewirken soll.

Die vorausgegangenen Ausführungen verstehen sich als Anregung und Impuls, bewegliche, variable Wege in der Bearbeitung von Sachaufgaben einzuschlagen und auf diese Weise die Schüler neu zu interessieren und zu motivieren und die Arbeit an und mit der Mathematik zu einer interessanten Sache werden zu lassen.

Literatur:

1 Dienes, Z. P.: Worauf es ankommt, wenn der Unterricht in Mathematik Erfolg haben soll. Vortragsmanuskript, München 1974.

2 a.a.O.

3 a.a.O.

4 Kriegelstein, A.: Übung im Mathematikunterricht, aufgezeigt am Gegenstandsbereich »Sachaufgaben«. In: Westermanns Pädagogische Beiträge, Heft 9/1975, S. 489ff.

5 s. a. Kahabka, B.: Darstellungshilfen im Mathematikunterricht (Serie). In: Welt der Schule, Zeitschrift für das Kollegium, Jg. 1977, Ehrenwirth Verlag München.

6 Kriegelstein, A. (Hrsg.): Der Mathematikunterricht in der Grundschule. Handreichungen zum bayerischen Lehrplan von 1974 (der unverändert in den Grundschullehrplan von 1976 übernommen wurde). München [2]1976.

Schulpädagogische Aspekte

Herausgegeben von Hans Gröschel, Heinz-Jürgen Ipfling und Alfred Kriegelstein in Zusammenarbeit mit der Berufswissenschaftlichen Hauptstelle des BLLV
Konkrete, praktische Handreichungen für Studium, Seminar und Schulpraxis.

Gröschel – Ipfling – Kriegelstein (Hrsg.)
Hauptschule – heute
Pädagogisch-psychologische Probleme. Lehr- und Lernbereiche
248 Seiten. Paperback DM 16,–

Gröschel – Ipfling – Kriegelstein (Hrsg.)
Grundschule – heute
Pädagogisch-psychologische Probleme. Lehr- und Lernbereiche
2. Auflage. 200 Seiten. Paperback DM 14,–

Hans Gröschel (Hrsg.)
Das Lehrer-Schüler-Verhalten in Erziehung und Unterricht
Grundlagen und Wechselwirkungen aus pädagogischer, soziologischer und psychologischer Sicht.
2. Auflage. 112 Seiten. Paperback DM 12,–

Manfred Haidl – Manfred Schreiner (Hrsg.)
Handreichungen für das Schulpraktikum
140 Seiten. Paperback DM 12,–

Heinz-Jürgen Ipfling (Hrsg.)
Disziplin ohne Zwang
Begründung und Verwirklichung
136 Seiten. Paperback DM 12,–

Heinz-Jürgen Ipfling (Hrsg.)
Verunsicherte Lehrer?
Der Stand zwischen Anspruch und Wirklichkeit.
102 Seiten. Paperback DM 10,–

Preisänderungen vorbehalten

Ehrenwirth Verlag München